JN410329

문육자 기행산문집

여행, 영혼의 씻김굿

다시 길 위에 선다

여행, 영혼의 씻김굿

문육자 기행산문집

1판 1쇄 인쇄/ 2020년 4월 3일
1판 1쇄 발행/ 2020년 4월 10일

지은이 / 문 육 자
펴낸이 / 우 희 정
펴낸곳 / 도서출판 소소리

등록 / 제300-2007-21호
주소 / 03073 서울 종로구 성균관로 5길 39-16
전화 / 765-5663, 010-4265-5663
e-mail: sosori39@hanmail.net
www.sosori.net

값 13,900 원

*잘못된 책은 바꿔드립니다.

ISBN 979-11-5891-140-9 03810

문육자 기행산문집

여행, 영혼의 씻김굿

다시 길 위에 선다

책을 내면서

악몽에 시달리듯 앓으며 한숨 쉬며 진정 펴내도 괜찮은가를 스스로에게 묻고 답하기를 아주 많이 하다 내놓고 만다.

오늘이 가장 아름다운 날이며 축복의 날임을 믿기로 하고 내보일 수 있는 건 작품밖에 없다는 것에 생각이 미쳤다.

가진 게 없어도 그건 내 고방이며 못나도 내 모습 그대로임을 무엇으로 감추며 또 꾸미겠는가. 훌훌 벗고도 부끄러운 줄 모르는 겨울나무처럼 나도 그러기로 했다. 내 속내, 내 내음, 내 사유, 내 사랑 그대로이니까.

이러한 내 것이 희한하게도 미지의 독자와 만나면 새로운 생명으로 탄생하여 더 큰 힘이 되어 끝없이 행진하는 신비로움을 보기 때문이기도 하다.

여행이란 내게 무엇이었던가. 씻김굿을 보면서, 영혼을 말갛게 헹구어 하늘로 보내는 그 행위가 내겐 여행이라고 느껴졌다.

해갈이었다. 늘 목말라하며 용케 버티어 가는 내게 주는 선물이자 가장 큰 상이었다. 이름 하기 힘든 갈망들이 줄줄이 줄을 서며 가자고 이끌 때 나서게 된다.

그림자의 길이가 다르고 바람의 깊이가 다르며 땅의 냄새가 다름을 느낄 때 숨 트임을 가슴에 안을 수 있기에 오늘도 길 위에 선다. 그것은 새롭게 눈 뜨게 하는 자연이거나 사물이거나 마음을 열게 하는 따뜻한 사람들이다.

이번에도 신기료장수처럼 부족하고 엇나간 곳 찾아 얽고 꿰매어 튼튼한 신 한 켤레 내놓으며 다시 길 위에 서라고 등 밀어줄 출판사 소소리 우희정 대표에게 고마움을 드린다.

긴 세월을 건너온 반가운 해후에 덤으로 표지화를 흔쾌히 그려 준 김무언 화가, 기쁨과 감사를 함께 보낸다.

2020년 4월에 문윤자

19일간, 프랑크푸르트에서 취히리로

코트다쥐르, 남프랑스의 옥색 바람

들꽃 같은 코카서스 3국

가깝고도 먼 나라 일본

그리움 때문에

19일간, 프랑크프루트에서 취히리로

\- 자동차 여행

프랑크푸
뤼데스하임
튀빙겐
바흐라흐
칼프
샤프하
검은숲
프랑스
바젤
졸로투른
베른
루
그뤼에르
샤르메
브베
인터라켄
로잔
몽트뢰
비스프
테쉬
체르마트

르트

독일

슈타인암라인

하우젠

라인폴

생갈렌

취리히

아펜젤

마이엔펠트

체른

오스트리아

쿠어

생모리츠

티라노

벨린초나

이태리

루가노

몬타뇰라

프롤로그

동행, 2인 3각의 여행

- 자동차 여행 들어서며

유월은 푸름에 깊이를 더하며 왔다. 떠나지 않으면 누군가가 아직 살아 있느냐고 물을 것 같기만 했다. 아니 바람이며 하늘이 내게 와서는 팔짱을 끼고 더 이상 참지 못하게 했다. 마침 자동차 여행을 하자며 손 내민 친구. 여행의 짝으로는 괜찮을 것 같다는 작은 믿음이 손을 부딪치게 했다. 감성의 공유라고 해야 할까. 훌쩍 혼자 떠나는 여행에만 익숙해진 내가 열아흐레를 스물 네 시간씩 누군가와 지내야 한다는 엄청난 부담을 안고도 손을 잡았다. 설레는 마음으로 모험이 아닌 두 사람의 2인 3각 같은 여행에 나를 던졌다.

그랬다. 초등학교 시절, 두 사람이 한 사람의 왼쪽다리와 짝이 된 또 사람의 오른쪽 다리를 묶어 달리기를 했다. 두 사람의 다리는 넷이 아니라 셋이 되었다. 호흡 가다듬기, 마음 맞추기. 산들바람 같은 옆 사람의 호흡에 귀 기울이며 내딛는 발자국은 혼자인 듯 맞지 않으면 안 되는 것을. 두 사람의 휘파람소리가 운동장을 넘나들고 하늘이 손짓하며 내려오던 그날의 감격이 그대로 실현되기를 바란다는 것. 골인 지점에 이르러서야 해낸 것에 대한 기쁨만을 나누고 실책은 네 잘못이 아니라 우리의 잘못이라 마음 눅일 때 조금씩 성숙해지던 때처럼.

그냥 떠났다. 모든 일을 여행 뒤로 미루리라. 바람의 냄새도 바람의 깊이도 헤아려보지 않으리라. 19일 동안, 우여곡절도 아름다움도 기막힘도 겪으면서 해내었다. 사물에 대한 인식과 자연에 대한 감동이 그것을 인내하게 했다.

다시 떠난다면 더 많이 비우고 떠나리라. 더 많이 여유로움을 누리리라. 밤마다 가장 보고픈 사람에게 메일을 띄우리라. 내가 묵는 방에 촛불을 밝히리라.

여행은 바람이었다. 일탈이 일상의 얼굴로 내비치는 날들이었다.

*19일 간의 여행. 열아홉의 꼭지를 만들고 여정을 지도에 그리면서 감성에 기대어 길에서 줍는 언어를 글로 삭혔다.
여정에 있는 곳 중 언급하지 않은 곳은 사진으로 대신하기도 했다.

뤼데스하임(Rüudesheim)

- 첫날의 끄적임

아무 말도 하고 싶지 않았다. 떠나왔고 열아흐레를 함께 뒹굴 친구가 곁에 있을 뿐이다. 그 막막한 설렘으로 아무 말도 꺼내고 싶지 않은 'Hotel Höhn'의 첫날밤.

건강도 생각하고 싶지 않았다. 떠나기 전 건강을 걱정하는 내게 나보다 더 어른스런 딸은 엄마가 독일과 스위스의 그 많은 산골 도시들을 다 구경하겠다고 계획한 것도 아니니 몸이 아파 한 두어 군데 빠뜨려도 충분히 목적한 바는 이룰 수 있을 것이라며 걱정을 접으라고 했다. 가장 느린 보폭으로 걷고 안전하게 쉬엄쉬엄 다닌다면 그리 힘들지 않아도 되지 않겠느냐며 격려 아닌 격려를 했다. 세계를 누비듯 출장으로 날을 씹는 딸의 이야기는 맞는 말이었다.

그렇다. 인생 아니 인생의 여정이라는 게 그런 게 아닐까 싶다. 호텔은 정갈했고 아침 뷔페는 포만감과 신선함으로 눈부신 첫 장을 열어 주었다.

길을 밟으며 사금파리처럼 반짝이는 언어들을 주워 정련하리라 새김질했다. 지나간 것도 닥쳐올 것에 대한 두려움도 아무 의미가 없었다. 난 열아흐레 동안 식구들과 한 통의 전화도 나누지 않을 것이며 새로운 세계에서 날을 하나씩 접으리라. 단지 열중할 것에 대한 새로운 모색만이 있을 뿐이니. 그러면서 첫날의 일기에 이렇게 썼다.

C'est la vie(이것이 인생이다)!

칼프(Calw)

- 헤세와의 조우

바람 같은 영혼으로 떠나온 여행의 첫날을 지낸 뤼데스하임의 밤은 설레기만 했다. 열아흐레가 놓여 있었기에. 그러나 안녕 손 흔들며 언젠가 다시 두고 떠난. 그리고는 헤세(Hesse)의 고향 칼프(Calw)에 들어섰다. 뮌헨의 슈바빙이 아닌데도 들어서는 순간 왜 전혜린의 얼굴을 떠올린 걸까. 둘 다 진정한 자신을 찾기 위해 방황과 고뇌를 평생 안고 살았기 때문일까.

칼프는 헤세가 태어난 곳으로 헤세의 방황이 지금도 서려 있을 법한 목조건물의 생가는 마르크트 광장에 고스란히 남아 낯선 이방인을 맞이해 주었다. 그 집 앞에는 '1874~1881, 헤세의 가족이 살았다'고 쓰여 있었다. 그리고 자전적인 소설 『수레바퀴 아래서』의 주 무대였던, 이 고장에서 가장 오래 된 니콜라우스 다리 위에는 헤세가 멋진 모습으로 서 있었다.

▲ 헤세의 청동상

다리 아래는 『수레바퀴 아래서』의 주인공 한스가 자살한 네카어강의 지류 나골트강이 관광객을 처연하게 맞이하고…. 나를 앞에서 당겨 주던 '페터 카멘친트'의 페터며 『데미안』의 싱클레어, 갇힌 상자 속 같은 답답함에서 해방시켜 주었던 『수레바퀴 아래서』의 한스, 자유로웠던 「크눌프」의 크눌프가 모두 내게로 와서는 어깨동무를 하고 진을 쳤다.

젊은 날 싱클레어에게서 희망을 얻지 않은 젊은이가 얼마나 될까.

그러나 헤세는 작품만으로 내게 온 것이 아니었다. 일찍 좌절과 절망으로 자살을 시도하기도 했지만 진정한 삶의 의미를 예술에서 캐낸 그는 그 넓이만큼 무르익어갔다. 그런 성장은 경건함을 일깨우고 어떤 삶이라도 귀중하다는 것을 터득하게 했다. 영원한 연인처럼 그를 붙들어준 예술정신은 위로와 격려의 손길로 투명한 작품을 탄생시켰던 것이다. 나도 젊은 날, 치기처럼 죽음에 대한 마력에 오래 붙들려 있기도 했다. 그때 전혜린, 그녀의 죽음은 나를 얼마나 황당하게 하고 허방에 빠지게 했던가. 그녀 죽음의 원인이 어디에 있든. 그에 비해 방황과 고뇌의 터널을 지나 여든의 나이를 넘어서도 올곧게 가슴의 소리를, 눈이 인지한 사물과 자연을 문학으로 그림으로 승화시킨 헤세의 예술정신 앞에 말을 잊었다.

▼ 니콜라우스다리와 나골트강

선교사의 집안에서 태어났지만 그는 자연에서 신의 목소리를 들었고 그 목소리는 문학의 원초적인 소리로 그에게 접근되었지 싶다. 자연은 아름다움만을 지니고 있는 것은 아니다. 풍랑의 바다, 먹장구름을 뚫고 내리 쏟아지는 빗물, 삶의 터조차 빼앗아 갔던 자연의 훼사 같은 것. 인생도 그러함을 그를 통해 읽는다. 그는 다양한 삶을 투시하듯 보여주기도 한다. 방황과 고뇌를 겪어낸 젊은이들에게 보내는 그의 박수 소리를 듣는다.

마르크트 광장에 서 있는 헤세의 부조며 크눌프의 동상. 니콜라우스 다리 위의 작은 교회, 헤세 분수, 자박자박한 빗소리처럼 소박한 마을의 음향 같은 분수의 물소리, 아무것도 모르는 듯 무심히 아주 객관적인 얼굴이 되어 흐르는 나골트강.

그리고 마지막으로 생가와 5분 거리인 헤세박물관에 들렀을 때, 그의 작품의 초판본과 자필 원고, 자작스케치, 수채화, 세계각국어로 번역된 책들이 귀중한 자료로 눈길을 끌었다. 향수 같은 그리움이 온몸에 배어들었다. 그곳은 헤세의 풍경화거나 그의 시 「바람 부는 6월의 어느 날」을 생각하게 했다.

– 건너 둑에선 낫 소리와 그리움 같은 향기가 날려 온다

헤세의 작품들은 인류문화의 귀중한 재산으로 남아 있으리니 젊은이들에겐 밝은 내일을 찾는 횃불이 될

▸소설 「크눌프」의 크눌프 동상

것이다. 또한 하룻밤 몸을 뉘었던 정갈한 숙소 '헤르만 노이에 포스터'는 칼프의 추억 한 자락에 폭신했던 보금자리로 오래 남아 있겠지. 헤세와의 조우는 한마디로 떨림이었다.

▼ ▶ 헤세박물관

▲헤세의 일터였던 서점

튀빙겐(Tübingen)
- 횔덜린을 추모함

유월을 즐기는 젊은이들이 네카어강에서 소리를 날린다. 빨간 지붕의 집들이 꽃이 되어 강물에 비친다. 평화다. 위안이다. 천년의 역사를 지니고 40% 이상이 대학생이거나 학교에 종사한다는 작고 경건한 대학도시에 오늘은 축제의 마당을 마련했나 보다. 물

놀이에 빠져 마냥 헤픈 웃음 보내 주는 젊은이들로 내 마음마저 덩달아 날아오른다.

볕살은 뜨겁고 바람은 이방인의 머리칼을 쓰다듬고는 지나가는데 왜 가슴은 먹먹할까. 횔덜린(1770~1843)이다. 원추형 탑이 보인다. 그가 36년간이나 정신분열증으로 갇혀 있었던 곳이란다. 방황과 고뇌가 그의 생애에서 떠나지 않았으나 그의 작품은 낭만적이고 서정적이다. 천재시인은 작품집으로는 소설 『히페리온』을 유일하게 남겼으나 소설 속에 그의 문학과 철학과 인생이 온전히 투영되어 있다. 또한 단편, 시, 번역을 통해 튀빙겐을 사랑하는 절절한 마음을 담았으니 튀빙겐에서 그를 정신적 지주로 기리고 있음도 잘못된 것 같지는 않다.

튀빙겐은 동화의 마을이다 이 마을엔 헤르만 헤세가 방황하던 시절에 일하던 서점이 있고 횔덜린이 사랑했던 주제테 부인을 떠오르게도 한다. 횔덜린은 주제테 부인을 이상적인 여인으로 흠모하여 그의 소설 『히페리온』에서는 주제페를 디오티마라고 명명하고 그녀에 대한 열렬한 사랑과 찬미를 남김없이 쏟아놓고 있다.

> 나는 사랑의 힘으로 그녀를 만날 때 그때의 일만을 줄곧 생각했다.
> 그것은 여러 가지 희망의 실로 짠 직물로서 나는 거기에서 마음을 달랬다.
> 디오티마는 미소 지으며 내게 고개를 끄덕였고 나는 날아가듯 이 골짜기의 언덕길을 뛰어오른다.

이렇게 튀빙겐은 횔덜린으로 마음 아프게 했다. 유월의 볕살은 부서진 유리알처럼 따끔거리고 강에서 긴 장대로 배를 밀며 젊음을 바람에 싣는 하얀 피부들이 눈부셨다. 마을은 왼통 여유롭고 자유로운 광장이었다. 자동차는 쉬고 싶은 곳에 서 있고 나무도 하늘도 가장 멋진 포즈를 취한 배경이었다. 아름다운 마을에서 횔덜린은 무엇으로 그리 힘들어했을까. 36년의 세월 동안 그를 붙잡고 있었던 것은 무엇일까. 안개 속이지만 그가 남긴 작품들은 사랑의 힘이 빚어낸 산물이지 싶다.

횔덜린이여, 그대 편히 잠들라. 그대의 작품이 이 마을에서 세계로 이미 비행을 시작한 지 오래니까.

▾ 네카어강

슈바르츠발트(Schwarzwald)
- 검은 숲

독일의 칼프(Calw)로 그리고 '검은 숲'을 지나 헤세가 묻힌 스위스의 몬타뇰라(Montagnola)를 찾고 에델바이스며, 알펜로제, 엔치엔이 피어 있을 언덕으로. 마터호른이 우리를 부르는 3,089m의 고르너그라트 전망대까지. 살아온 날들, 그 석양에 꿈의 돛을 올리자고 나선 길이다.

슈바르츠발트. 검은 숲이라는 뜻을 가진 독일 남서부의 산악지대며 칼프는 바로 시작 기점인 소읍이다. 여기에서 시작하여 가장 높은 지점인 펠트베르크(Feldberg) 1,493m까지 이어지는 숲의 나라. 검은 숲을 지나 스위스의 바젤(Basel)을 향해 차는 달린다. 끝없는 숲의 행렬. 하늘을 가린 숲들의 환호로 검은 숲(Black Forest)이라는 이름까지도 얻었다. 등대 같은 내비게이션에 하루를 건다. 가는 길이 여러 갈래니 내비게이션에 주문을 하듯 한 도시에 도

▲검은 숲을 지나다

달하면 잘했노라 쓰다듬으며 다시 길을 떠난다. 인생에 굴곡이 있듯 어찌 길엔들 없을쏘냐. 한 도시를 만날 때까지 도로의 표지만을 응시하며 달려가지만 엉뚱한 길을 만나는 것이 나중엔 예사로워졌다. 실은 밀고 숲은 감돈 듯 검은 장막을 내려뜨리기도 한다. 글을 쓰면서 벌써 과거가 되어 버린 이 여행이, 아니 내 행위가 부끄러워진다. 휴대전화 속에 세계를 담고 마음대로 움직이며 사는데 내비게이션 언어 하나 읽기에 왜 그리 힘들어했을까 싶다.

숲만이 산다. 나무만이 이야기를 한다. 초록 위에 초록이 눕고 그 위에 더 연한 초록이 가볍게 몸을 누인다. 햇살이 무겁지 않게 마지막으로 눕는다. 구름이 잠깐 들렀다 놀란 듯 달아난다. 유명한 뻐꾸기시계마을 트리베르크(Triberg)도 지나니 뻐꾸기 울음소리가 들리는 것 같다. 하룻밤을 여기에 누이지 못함이 아쉬울 뿐이다.

그러나 무엇보다 나를 감아쥐고 있는 건 헤세였다. 그의 작품은 내면의 소리에 귀 기울였던 소년소녀들의 이야기였으며 나를 키워 온 한 소설가의 힘이었다. 끝없는 숲길에서 그렇게 마음을 치유해 주던 그의 시를 길어 올렸다.

▾ 시계마을

▲검은 숲속 아름다운 집들

나의 영혼은 수목이 되고
짐승이 되고 떠도는 구름이 된다.
변한 모습으로 낯설게 돌아와서 나에게 묻는다.
나는 무어라고 대답해야 좋을까.

– 헤세의 시, 「때때로」에서

검은 숲은 내 젊은 날의 방황을 되새기며 나를 찾아간 길이었다. 그리고 푸름 속에 띄운 애드벌룬 같은 돛이었다.

바젤(Basel)

- 유럽 최초의 시립미술관

마로니에가 라인강에서 불어오는 바람을 물고 있는 곳 바젤은 스위스, 프랑스, 독일의 국경에 자리 잡은 고전적인 도시다. 또한 3개국의 3개의 철도역이 접해 있다는 편리한 점이 그곳을 찾을 수밖에 없는 이유가 되기도 한다. 그러나 무엇보다 많은 관광객의 발걸음이 머물게 되는 것은 작은 도시에 빛을 발하는 30여 개의 박물관과 미술관이 아닐까 한다.

다 들르지 못한 아쉬움이 아직도 남아 있다. 예술품 딜러였던 에른스트 바이엘러 부부가 50여 년 간 수집한 작품들로 출발한 바이엘러(Beyele)미술관이며 현대적인 샤우라거(Schaulager)미술관, 커네틱 아트(Kinetic art 움직이는 예술)의 대표인 장 팅겔리(Jean Tinguely)가 그의 두 번째 부인인 니키 드 생팔의 작품에 분수가 흘러내리게 한 팅겔리 미술관도 다음 기회로 미루었다.

그러나 무엇보다 바젤의 시립미술관에 관심이 가는 걸 어쩔 수 없었다. 그것은 바젤의 법조인 바실리우스 아머바흐(Basilius Amerbach)가 사 모았던 미술품을 1661년 시 당국이 사들여 세계최초의 공립미술관으로 변모시킨 사실 때문이었다. 그 이후 근대미술의 거장작품을 소장하게 되었고 1967년 스위스의 미술품 수집가인 루돌프 슈테린으로부터 대여해 전시 중이던 피카소의 '두 형제'와 '앉아 있는 할리퀸'이 소유주 가문의 재정난으로 해외에 팔리게 되었을 때 젊은이들이 반대운동을 벌이고 그림 구입비로 600만 프랑을 지불하는데 찬성의 표를 던져 설득했음에 감동한 피카소가 그림 3점과 드로잉 작품을 시에 선물한 이야기는 전설처럼 남아 있다.

그러기에 모두를 접고 바젤 시립미술관을 찾아갔으나 본관은 수리 중이라니 어쩔 수 없이 현대미술품을 전시하고 있는 게겐바르트 쿤스트 뮤지엄(Museum fur Gegenwarts Kunst)을 찾을 수밖에 없었다. 1980년 엠마누엘 호프만 재단과 쿤스트 뮤지엄 바젤에서 소유한

▾ 게겐바르트 쿤스트 뮤지엄

컬렉션의 현대아트를 위해 만들어진 곳이다. 고흐, 고갱, 세잔 등 19세기 인상파의 작품에서부터 입체파 작가들의 작품, 그리고 피카소, 칸딘스키의 작품까지, 그리고는 늘 가슴 아리게 하는 자코메티의 조각을 보고 물러나왔다. 자코메티의 작품을 볼 때마다 아픔을 조각하는 이로 뇌리에 박힌다.

바람의 냄새를 따라 걸었다. 라인강변이다. 마로니에 아래 노천카페엔 음료며 아이스크림으로 여름을 즐기는 사람들이 계절을 향유하고 있었다. 돌아오는 길엔 아침에 지나갔던 마르크트 플라츠에서 저물어가는 시장을 엿보았다.

그렇다. 바젤이었다. 스위스의 아름다움이자 바젤의 자존심이었다. 맘껏 누리는 여유, 그리고 스스로가 책임지는 자유가 부럽고 예술의 도시로 키워온 그들의 자긍심에 경의를 표하고 싶었다.

▾시장이 열린 마르크트 플라츠 광장

졸로투른(Solothurn)

- 아래(Aare)강가의 작은 마을

베른으로 가는 길목. 졸로투른에 들른다. 현지인들이 가고 싶어하는 1위의 도시로 이름을 올렸다는 인구 17,000명의 작은 도시다.

저 흐르는 아레강은 베른으로 가겠지. 흐른다는 것에 대해서도

묵상하게 한다.

스위스의 한옥마을이란다. 곧 찾아갈 베른의 구시가지는 중세의 건축양식과 건물들이 잘 보존되어 이미 유네스코 문화유산에 등재되어 있으니 졸로투른과 베른은 흡사한 점이 많지 않을까 싶기도 하다.

도착했을 때 앞을 가로막는 장크트 우르젠 대성당(St.Ursen kathedrale)이 정교한 바로크 양식의 건축임을 드러내고 있었다. 성당은 이곳저곳 공사 중이었다. 우리나라도 마찬가지지만 괜찮은 고적이나 건축물을 찾아가면 공사 중인 경우가 허다했다. 유장한 세월에 대비함이

라 좋은 마음으로 받아들인다. 이르게 도착한 탓인지 마을은 아직은 조용하고 평화로웠으며 바람은 역시 푸르렀다. 11이라는 숫자를 중요시 여긴다는데 그 이유는 1481년 스위스 연방 11번째의 주(州)로 가입되었기 때문이란다.

바쁜 여정, 아레강에 마음 띄우고 베른으로 향했다.

▾ 시계탑

베른(Bern)

- 스위스의 수도

유럽에서 전설이라는 말은 어울리지 않을 것 같다. 그러나 베른에 들어서면 그 말이 어울릴 수도 있겠다는 생각이 드는 것은 석조 아케이드의 조각에서부터 이미 시간을 거꾸로 가는 듯한 느낌을 받기 때문이다. 베른을 처음 건설한 체링겐 공작이 처음 잡은 동물로 도시 이름을 정하겠다고 한 것이 독일어로 곰을 뜻하는 Bắr에서 그대로 베른이 되었다고 하는 것조차 그럴싸하다. 그만큼 고전적이고 고즈넉하다.

▼아레강

베른 현대미술관

스위스 연방의 수도이며 취리히, 바젤, 제네바에 이어 네 번째 큰 도시이지만 아레(Aare)강을 품은 베른은 아름다움 그대로이다.

중앙역에서 멀지 않은 현대미술관으로 발길을 옮겼다. 제법 따가운 햇살이 따라오며 설레는 가슴을 뜨겁게 했다. 3,000여 점의 회화 작품과 사진, 비디오 등이 만만찮은 즐거움을 선사했다. 피카소, 파울 클레, 칸딘스키 등의 큐비즘과 인상주의 등 다양한 예술사조의 작품들로 빛 빈씩 쉬이기며 호흡을 가다듬기도 했다. 예술이란 동서고금을 망라한 위대함이었다. 커피 한 잔과 빵 한 조각으로 감격에서 오는 숨참을 한 박자 쉬었다. 오가는 사람들을 보며 여유로움은 어디에서 올까 궁금하기도 했다.

다시 중앙역으로 가서는 버스로 장미정원에 도착했다. 베른 구시가지가 내려다보이고 220가지의 장미가 향내로 사람들을 자지러지게 한 탓인지 이곳저곳에 풀밭에 잠든 듯 누운 사람들이 정겹고 아름다운 한 폭의 풍경이었다. 공동묘지를 공원으로 바꿔 쉼터로 만들었으니 그 세월이 벌써 백 년이란다. 오가는 꽃길에서 일본인 젊은이를 만났다. 황홀한 듯 팔을 들어 하늘을 향해 뛰어오르며 웃음을 나누기에 앵글에 담아 보여 주었더니 고맙다고 인사를 했다. 다행이었다. 싫다면 지워야 할 테니…. 바람이 건들거리고 제 그림자에 놀란 듯 강아지가 헛웃음처럼 짖었다. 평화란 이런 것일 게다. 안식이란 이런 곳에서 찾는다고 해야 할까. 일체가 정지한 듯 긴 시간을 앉았다 일어섰다. 베른의 선물은 끝이 나지 않았다.

▾장미정원

▲베른 대성당

서둘러 베른 대성당(Mounster)을 찾았다. 카메라에 담기엔 너무 높은 100m의 첨탑과 400여 년의 건축 역사를 지닌 건물이 사암으로 만들어졌다는 것 자체가 경이롭다. 최후의 심판 부조와 스테인드글라스로 이미 관광객들이 몰려와 붐비고 있었다. 344계단을 따라 첨탑으로 오르는 사람들이 내려다보며 손을 흔들고 있었다. 광장에서 바라보는 관광객들도 눈부신 듯 올려다보고 있었다. 시간을 지체할 수 없어 돌아섰다. 유네스코에서 지정한 세계문화유산에 등재된 구시가지를 보고 싶었기 때문이었다. 물론 대성당에서 멀지 않은 곳에 자리하고 있으니 찾기에 그리 힘들지는 않았다. 구시가지에 들어서기 전에 아주 높은 다리 위에서 유유히 흐

▾ 구시가지

르는 아레강(Aare River)에 다이빙을 하여 헤엄쳐가는 인어 같은 아가씨를 보았다. 구경꾼들이 손뼉을 치고 노를 저으며 지나가는 젊은이들이 환호로 격려하고 있었다.

눈 덮인 알프스를 바라보며 아레강의 품속에 안긴 구시가지는 저기가 유네스코에 등재된 마을이라는 말을 해 주지 않아도 한눈에 알 수 있을 만큼 중세의 멋을 그대로 지니고 있었다. 바랜 지붕의 색깔이 그러했고 집모양이 또한 그러하며 틈새 없이 어깨동무 한 듯 모여 앉은 마을이 알락달락 역시 한 폭의 그림이었다. 스위스는 나라 전체가 그림이다. 마을엔 햇살을 뚫고 구름이 잠깐 놀러왔다간 훌쩍 가버리곤 했다. 적막 속에 잠겨 범접하기조차 힘들 것 같은 굳센 전통의 벽. 그들은 그것을 갖고 있었다. 우리의 한옥을 생각했다. 내가 자주 들르는 가회동 33번지. 저렇게 보존되었으면 좋겠다. 무게 있고 그러면서도 정감이 흐르는 그런 모습이면 좋겠다.

▾아케이드

중앙역 쪽으로 발길을 옮겼다. 우선 걸어가는 길이 아케이드 속이다. 비가 내려도 바람이 불어도 상관없이 긴 거리를 걸을 수 있게 해 둔 것도 베른의 자랑이다. 아케이드엔 없는 게 없다. 입는 것, 먹는 것, 생활용품, 품목도 무척 다양하다. 빠져 나오면 바로 입구가 된다. 지금은 연방의회정치 포럼이 열리는 죄수의 탑도 있다. 물론

▸죄수의 탑

옛날엔 죄수를 가두어 두는 탑의 용도였다고 한다. 바로 곁엔 연방의사당이 있고 앞엔 노천카페며 화, 토요일엔 마켓도 열리니 연방의사당이 국민과 호흡을 같이 하는 듯해 인상적이었다. 마지막으로 베른의 상징이 되는 시계탑을 보았다. 매시 4분 전이면 시계에 장치된 인형이 종을 울리기 위해 움직이기 시작하면 베른의 상징인 곰이 나타나고 시간의 신이 모래시계를 뒤집어놓으면 인형이 망치로 종을 두드린다. 프라하의 시계처럼 여기도 그 시각이 되니 많은 사람들이 모여들고 있었다.

시간이란 무엇일까. 역사다. 장강이다. 거꾸로 가지 않는 정직함이다. 그래 소중하다.

베른은 연방의 수도다웠으며 과거와 현재가 아우러져 새로운 미래를 창조해나가고 있었다. 주머니 사정에 비해 꽤 괜찮은 베른 엑스포 아이비스(ibis) 호텔로 하루를 정리하기 위해 발걸음을 옮겼다. 피곤의 무게도 싫지 않았다.

▼ 연방의사당

▲ 시계탑

그뤼에르(Gruyères)

- 중세의 성, 치즈 마을

베른 엑스포 아이비스에서 편한 잠을 잔 탓인지 렌트한 무거운 볼보도 가볍다며 핸들을 잡은 친구는 웃는다. 오늘은 스위스의 판타지 도시라고 하는 그뤼에르와 샤르메를 또 한 사람의 친구로 우리 곁에 부르려한다. 그들은 어떤 의미로 다가올 것인가. 작은 흥분이다. 우선 잘 찾아가야 하는 숙제를 빠뜨리지 않는다. 노트엔 그뤼에르성과 치즈가 우리를 기다리고 있다고 씌어 있다. 자동차여행 5일째.

꽤 쉽게 마을 끝 언덕 위에 서 있는 그뤼에르성에 도착할 수 있었다. 54분밖에 소요되지 않았다는 게 오늘을 밝게 열어주는 것 같아 마음이 가볍다. 13세기의 성이기에 고풍스러우나 그 보존은 놀라울 만큼이었다. 1270년 요새로 사용할 목적으로 건축되었으나 지금은 박물관이 되어 그뤼에르 지방의 역사를 전하고 있다.

◀ 성당

9시에 입장이 가능하다고 해서 우선 성 둘레를 돌아보았다. 초등학생일 성싶은 키만 훌쩍 큰 아이들은 기다림을 빙자하며 이야기꽃을 피우고 있었다. 이야기꽃만큼이나 들꽃이 빛나고.

잠시 후 문이 열리자 우르르 아이들이 들어가더니 얼른 자리를 잡고 앉는다. 해설하는 할아버지는 중세의 역사와 문화를 얼마나 재미있게 엮어 나가던지 할아버지 텁수염은 까딱거리고 개구쟁이들은 이야기대신 파란 눈을 반짝이고 있었다. 저 모습이 또 하나의 전통을 이어가는 맥이 될 것 같았다. 성 내엔 작은 성당이 있

▼ 그뤼에르성

▲ 기거박물관

어 관광객들이 기도하고 나오는 모습들이 숙연해 보여 만나는 사람에게 조심스레 고개 숙여 인사했다.

성에서 나와 내려오다 기거(HR Giger: 1940~2014)의 박물관을 만나게 된 건 횡재였다. 만화영화 '에어리언'의 그래픽 디자이너이며 초현실주의 리얼리즘의 완성자로 알려진 기거의 박물관을 만나리라고는 생각하지 못했으니까. 그의 작품의 단면을 엿볼 수 있는 조각을 보며 치즈 냄새에 이끌려 마을로 내려왔다.

작은 카페엔 치즈 마을에 어울리게 치즈 요리를 큼지막하게 선전하고는 냄새로 아침을 거른 사람들을 유혹하고 있었다. 우리나라에도 그뤼에르 치즈가 심심치 않게 보인다. 그 유혹을 어찌 외면할 수 있으랴. 그럴싸하게 생긴 집으로 들어가서 뷔페로 속을 달랬다. 말랑말랑하거나 입속에서 버터처럼 살그머니 녹는 것 등 치즈의 종류는 셀 수가 없었다. 역시 치즈의 고장이었다. 돌아가면 이 나긋한 치즈의 맛이 얼마나 향수처럼 나를 부를 것인가. 배부른 나그네가 되자 부러울 게 없어졌다.

아침을 맘껏 즐기다 샤르메(Charmey)로 향했다. 자동차라는 또 한 친구와 말을 나누는 사이가 되어 가고 있었다. 가는 길에 Coop라는 대형마트에서 점심으로 과일을 사는 걸 잊지 않았다. 여행에서 빼놓을 수 없는 먹거리 챙기기다.

푸름에 둘러싸인 중세의 성이, 마을이 차츰 멀어지고 있었다.

▾ 그뤼에르 마을

샤르메(Charmey)

- 몽셀방호수(Lac de Montsalvens) 트레킹

등 뒤로 알프스를 업고 앞으로는 레만호수가 유장한 강처럼 펼쳐져 있는 스위스는 걷지 않고는 견디지 못하게 한다. 산이며 들이며 자유롭게 풀을 뜯는 송아지까지도 사람들을 부추겨 걷게 한다. 한 많은 사람도 걸으며 한을 삭여 하늘을 받아들이게 하고 즐거운 사람에겐 흥얼거리며 자연을 노래하게 한다. 자동차 여행 닷새 째, 치즈의 고장이며 역사와 전통을 지닌 그뤼에르성을 떠나와 샤르메(Charmey)우체국 앞에 도착했다. 트레킹을 시작할 수 있는 곳이다. 우체국 앞 주차장에 차를 세우고는 숙소 안내도 부탁할 겸 우체국에 들어서니 여행객을 위한 안내와 우체국 일을 동시에 보고 있었다.

확인도 했으니 버스 시간표에 맞추어 몽셀방 호수길 시작 지점에 갔다. 푸른 하늘을 가르는 바람 속에 몸을 맡긴다. 몽셀방 호

▲ 샤르메(우체국과 안내)

수를 따라 돌고 돌아올 것이다. 한 시간 반쯤이면 물소리를 담아 오겠지. 더 이상은 무리일 것 같아 그쯤에서 그들과의 이야기도 끝을 내려고 작정한다. 우리들 얘기 외엔 누구에 관한 얘기도 하지 않기로 한다. 남의 이야긴 그 공간과 시간 속에 일체 들여놓지 않기로 한다. 좀 걷다 보니 둘 다 말이 없어졌다. 서로의 영역에 상대방조차 들어오는 것을 허용하지 않고 있었다.

자드락길이다. 들꽃이 피어 있는 산자락이 몽셀방 호수를 껴안고 하염없이 간다. 울음 울 듯 졸졸거리며 또는 소리 내거나 체읍(涕泣)하는 저 맑은 영혼 같은 호수. 알프스 산을 통째로 담고 푸르디푸른 하늘조차 담은 호수는 블랙홀이 되었다. 내가 거기에 빠진다. 나만이 그런 게 아니다. 세상을 눈부심으로 밝히고 있는 태양조차 블랙홀로 흡입되고 만다. 가슴엔 베토벤의 전원교향곡이 흐른다.

1악장의 평화로운 전원이다. 들꽃이 고개를 내밀며 바람에 박자를 맞춘다. 들판을 지나 개울가에 다다랐다. 마을은 자연의 아름다움으로 고즈넉하고 향기롭다. 그 속의 한 사람이 된 나는 나를 헹군다. 노란 표지판을 따라 걷다 보면 온몸은 초록으로 물든다.

그리고 2악장으로 이어지면 교향곡의 개울은 바로 몽셀방 호수가 된다. 새소리가 조용한 물소리에 잠기더니 물수제비처럼 물 위를 날아 가슴에 길을 낸다. 그 길마다에 그리움이 쌓인다. 얼마쯤 걸으니 작은 바위가 있는 곳에 물이 부딪치는지 쏼쏼 소리를 낸다. 교향곡에선 농부들이 흥겨움으로 축제를 벌이는 장면이다.

3악장이구나. 친구도 전원교향곡을 가슴으로 들으며 걷고 있는 걸까. 한 손으로 치마를 들고 흔들며 갈대를 스치고 앞서 간다. 아, 춤을 추고 있구나. 전원의 평화로움과 눈부신 경쾌함에 빠져 있구나. 1, 2악장보다 조금 더 길게 누리는 이 경쾌함이 결코 싫지는 않다. 잠깐 시간이 흘렀다고 생각 되는 순간 먹장구름이 폭풍이 되었다. 4악장이다. 자연의 위대함을 과시라도 하듯 폭풍이 산란하게 앞을 가린다. 번개가 번쩍인다. 희한하게도 몽셀방 호수도 거기에 걸맞게 소리를 낸다. 순한 자연의 반전이다. 악기들이

소리를 모아 굉음을 내듯, 호수는 바람소리까지 끌어안아 소리를 지른다. 평화롭던 마을에 내린 잠깐 동안의 암흑이다. 그러더니 느린 속도로 수그러들기 시작했다.

5악장, 폭풍은 감쪽같이 그치고 마을에 평화를 가져 와서는 교향곡은 호수 위에 놓인다. 감사의 눈물이 산야에서 강으로 내려간다.

눈을 들어 산야를 보니 스위스의 들꽃들은 여전히 배시시 웃고 있었다. 저 고운 웃음. 베토벤은 신체적으로 가장 힘들 때 어떻게 그리 아름다운 자연을 노래할 수 있었을까, 위대한 자연의 힘이다. 자연을 예사로이 보아 넘기지 않은 예술가의 감성이 자연과 사랑을 접목시킨 노력의 결과다. 어쩌면 이렇게도 전원교향곡은 오늘의 나들이와 조금도 다름없이 일치하고 있는가. 자연의 유유한 흐름은 조용히 가다가는 한 번의 반전으로 다시 새로운 아름다움을 창출하는 걸까.

몽셀방 호수는 꽤 크기도 하지만 눈 아린 하늘처럼 옥색이었다. 호수를 도는 길에는 소들이 여유롭게 풀을 뜯으며 흠흠거리는 소리를 내었다. 포만감의 기쁨일까. 아니 그들도 사람과의 교감을 원하고 있었다. 눈길을 보내니 순하디 순한 눈길을 답례로 보내왔다.

몽셀방 호수는 영원한 블랙홀처럼 나를 놓아주지 않을 것 같다. 나도 호수의 아름다움과 그 콸콸거리는 소리를 어디에 담아갈 것인가를 궁리한다. 가슴밖에 없으니 비워야 한다. 한 자락의 호수와 그 시원하게 가슴 뚫는 소리를 담을 수 있게.

▾몽셀방 호수

몽트뢰(Montreux)

- 시옹성(Châeau de Chillon)

플라타너스의 잎들이 여린 초록에 다시 진한 옷을 입기 시작한다. 20여 년 전 겨울, 해거름에 거닐었던 레만호반은 바람이었다. 전지된 플라타너스 나무들은 한센병 환자들의 잘려나간 눈썹까지도 가리는 큼지막한 벙거지 같은 모자들을 모두 뒤집어쓰고 있었다. 겨울을 나기 위한 모습이었다. 봄이 되어 올라올 눈엽(嫩葉)들을 위해 그렇게 모진 모습으로 있었다. 바로 앞 카페에서 커피를 마시면서 저 벙거지를 벗은 푸른 모습을 보러 오리라. 자유롭게 펄펄 흩날리는 나뭇잎 소리를 들으러 다시 오리라 마음 다지기도 했다.

20여 년이 지난 뒤, 렌트한 차로 독일에서 떠나와 일주일이 되는 날, 로잔에서 하룻밤을 지내고 휴양 도시 몽트뢰를 찾아 떠났다. 그리고는 드디어 레만호를 찾았다.

▲ 시옹성　　　　　▼ 레만호

끝없이 펼쳐진 레만호. 알프스 지방에서 규모가 가장 크며 프랑스와 스위스를 경계 짓고 있는 호수이니 끝없는 바다 같다. 레만호를 끼고 달리다 보면 크고 작은 집들조차도 한 폭의 그림이다. 그 그림 중에 가장 뛰어난 것이 바로 호수의 바위 위에 만인의 연인처럼 서 있는 시옹성이다. 이 성에 들르기 위한 것이 가장 큰 목적이었다. 자그마한 나무다리를 건너 고전 속으로 들어가는 나그네가 된다.

시옹성은 유럽 북부와 남부 사이에 교차로 역할을 하는 천연의 방어 요새이자 감옥으로 사용 되었던 역사적인 유적이기도 하다. 또한 이탈리아 사람들이 알프스를 넘어 아름다운 이곳으로 올 때 통행세를 징수했다고도 한다. 청동기시대부터 사람이 산 흔적이 있다고 하나 크게는 사부아시대(Savoy, 12세기~1536), 베른시대(Bern, 1536~1798), 보시대(Vaud, 1798~현재)로 되어 있으니 이제는 1803년 칸톤으로 승격한 보주(州)가 시옹성을 소유하게 된 셈이다. 지금도 이곳저곳 복원 사업이 끊이지 않고 있음을 볼 수 있었다.

전시실을 들어서면 방마다 알파벳 문자를 붙여 차례대로 열람하게 되어 있는데 46번 성루까지 사람들의 발걸음을 옮기게 한다. 그중에서 내가 찾는 방은 바로 9번 방이다. 스위스의 애국자로 인위적인 종교의 억압에서 자유를 구가하다 6년의 세월을 이곳

지하에서 보낸 종교개혁자 프랑소와 보니바르(Francois Bonivard, 1493~1570)가 갇혀 있던 곳이다. 뿐만 아니라 영국의 시인 바이런 경이 같은 낭만주의 시인인 셸리(shelly)와 함께 들렀다가 1816년 '시옹의 죄수(Le prisonnier de Chillon)'라는 14연으로 된 서사시로 보니바르를 노래함으로써 더욱 유명해진 곳이다. '시옹성'이라는 소네트도 바이런의 시집에서 발견할 수가 있다. 이렇게 여러 번 장중하게 이 사실을 시로서 알렸다는 것은 바이런 자신이 자유의 투사였음을 보여 주는 실례라 하겠다.

▲바이런의 사인

셸리도, 바이런 경도 그리 긴 수명을 누리지 못했으니 그들의 열정이 일찍 활활 탔는지도 모를 일이다. 보니바르가 갇혀 있던 지하 기둥에는 바이런의 사인이 그대로 남아 있어 오가는 이들의 발길을 멈추게 했다. 남작으로 영국의 귀족이었으나 평생을 자유를 구가하는 사람들 편에서 인간성을 옹호한 바이런의 한 족적을 찾아 나선 길이었다고 해야 할 것 같다. 또한 사교계의 총아였던

▲ 시옹성 내부

그가 자유, 평등, 박애 정신의 프랑스 혁명에 동참하며 인권사상을 부르짖었다는 특이한 사실 때문이기도 했다. 시옹성은 그의 함성으로 내게 다가왔던 것이다. 시옹성은 영주의 영토요 공작들의 거처이며 무기의 저장고이기도 했지만 그보다는 자유를 구가하던 바이런의 14연의 힘찬 서사시의 산실로만 느껴졌다.

황동규 시인이 번역한 소네트 '시옹성'을 읊으며 발길을 재촉했다.

사슬 벗은 마음의 끝없는 정신,

자유여, 그대는 지하 감방에서 가장 빛난다….

아름다운 전경이 한눈에 보이는 22번 방이다. 사부아 가문의 귀부인들의 처소로 사용되었다는 이 방에서 레만호와 몽트뢰 시내의 포도밭을 바라보았다. 멀리 라보 지구의 포도 재배지 일부는 유네스코 지정 세계 문화유산에 등재되어 있다 하니 알프스를 뒤로 하고 계단식으로 푸르게 펼쳐진 아름다움 때문일까. 눈조차 초록으로 물드는 것 같다. 푸른 대지, 푸른 잎, 온몸이 푸름으로 온다. 레만호의 물결조차 푸른 그늘로 물들어가고 있었다.

자유란 무엇일까. 편안하게 누워 있는 레만호의 저 몸짓도, 호숫가를 파고드는 백조의 날갯짓도 영원을 넘나드는 자유스러움이 아닐까. 그 자유로움을 박탈당한 보니바르도 조바심으로 날을 보내지는 않았다. 영어(囹圄)의 몸이었지만 언젠가 돌아올 정의에 대한, 자유에 대한 확신을 가지고 있었기에 바이런은 그를 노래할 수 있었으리.

서툰 번역으로 바이런의 서사시 '시옹의 죄수' 마지막 14연을 더듬었다.

It might be months or years, or days
I kept no count－I took no note,

몇 달인지 혹은 몇 년인지, 혹은 며칠인지

날짜를 세지 않았네- 적어 놓지 않았네

It was at length the same to me
Fettered or fetterless to be
I learn'd to love despair

족쇄가 채워져 있건 없건
결국 나에게는 마찬가지였네
나는 절망을 사랑하는 법을 배웠네

레만호의 꽃으로 피어 있는 듯한 시옹성은 인간의 존엄성을 구가한 한 시인의 자유에의 외침을 끌어안고 있었다.

▼ 시옹성에서 바라본 정경

로잔(Lausanne)

- 노트르담 대성당

날이 저물어 버렸다. 저문다는 말이 실감 나는 저녁이었다. 로잔의 상징적인 건축물로 고딕 양식의 노트르담 대성당(Cathedrale Notre Dame)을 보기 위해서는 좀은 밝아야 하지만 어둠은 이미 사방을 적셔 버렸다. 섬세한 조각과 스테인드글라스의 창들을 볼 수 없음은 유감이었지만 불빛은 이 유명한 건축물을 유감없이 드러내 주었다.

밤 10시부터 새벽 3시까지 시청 공무원이 야경꾼이 되어 시간을 육성으로 들려주는 전통을 이 시대에도 이어감이 이색적이었다. 이방인에게는 알아듣기 힘든, 하늘에 길을 내는 큰소리에 불과한 듯했으나 그들의 아름다운 전통계승에 고개를 끄덕일 수밖에 없었다.

▲로잔 노트르담 대성당

날이 저물어 버렸다.
저문다는 말이 실감 나는 저녁이었다.

수네가(Sunnegga)

- 마터호른 마주한 전망대

바람이 깊이를 더했다. 바라다 보이는 마터호른(Matterhorn)은 어린 소녀였을 때 극장에서 본 적이 있을 뿐이었다. 동네 극장의 객석 자리는 긴 의자였고 언제나 두 편 동시상영을 했다. 여름 저녁이면 슬리퍼를 끌고 놀이터에 가듯 들르곤 했다. 장난감 놀이를 하듯 가끔 공짜로도 들어가 가슴 두근거리던 작은 극장에서 만났던 태산 같은 산봉우리가 바로 알프스의 마터호른이었다.

영화는 '로마의 휴일'이었다. 또 한 편은 기억조차 없다. 오드리 햅번과 그레고리 팩의 멋진 사랑 이야기를 보면서도 동그랗게 별이 반짝이던 설산의 영화사 로고가 눈앞에서 사라지지 않았다. 동경의 산이 되었다. 그 산이 알프스의 마터호른이라는 것을 알게 된 것은 대학 시절 영화의 역사를 공부하다 파라마운트 영화사의 로고인 것을 보게 된 것이었다.

독일에서 차를 빌려 스위스로 온 지 아흐레 되는 날, 사계절 모두 첫손가락에 꼽힌다고 회자되는 아름다운 도시 체르마트(Zermatt)에서 지하식 케이블카를 타고 수네가(Sunnegga, 2,288m) 전망대에 올랐다. 눈앞을 턱 가로막는 눈 덮인 산, 가슴에 심어 둔 마터호른이 4478m의 위용을 자랑하고 있었다. 수네가 전망대 테라스엔 세계 각국의 사람들이 모여들어 손에 닿을 듯 앞에 버티고 있는 마터호른을 보며 감탄을 자아내고 있었다. 감탄사는 모두 같았다. '아아!' 봉우리를 덮은 눈부신 눈 때문이었다. 엄마와 딸의 대화는 우리말이었다. 모국어란 이런 것인가, 갑자기 목이 막히는 것 같았다. 독일에서 자동차로 달려왔다는 말을 듣더니 입을 다물지 못했다. 젊은이도, 남자도 아니라는 것 때문이리라. 커피 한 잔으로 건배하듯 눈웃음을 나누었다.

올라갈 땐 케이블카로 갔지만 내려올 때는 야생화가 한들거리고 호수에 마터호른이 잠긴다고 하는 트레킹 코스를 택했다. 한가로운 바람, 한 점의 먼지조차 차지할 틈이 없이 맑았다. 청아한 목소리가 산자락을 타고 내려올 것만 같았다. 내리막길이긴 하나 그리 가파르지는 않았지만 그 많던 구경꾼들은 다른 일정이 있는지 트레킹 코스로 내려오는 사람들은 전혀 보이지 않았다. 흥얼거리는 내 목소리조차도 가볍고 몸도 무게를 잃은 듯했다. 조금 내려오니 유명한 라이호수(Lei-see)가 마터호른의 그림자를 거꾸로 안고 있었다. 물소리가 그림자를 덮어 버렸다.

▼ 라이호수 ▲ 전망대

수네가 전망대에서 체르마트까지 줄곧 내려가도 마터호른은 등 뒤에 있는 법이 없이 내내 눈앞에서 앞장서 있다. 또한 수네가는 블라우헤르트(Blauherd. 2,571m) 전망대에서 내려오는 꽃길의 마지막 이기에 꽃의 향연이다. 빛살은 곱고 사방은 투명하다. 거기에 피어 있는 스위스의 3대 꽃인 알펜로제, 보라색의 엔치엔이 지천이다. 유명한 에델바이스는 눈 속에 숨어 있는지 그 아래까지는 내려오지 않는다. 그 대신 이름을 알 수 없는 들꽃들이 걸음을 멈추게 한다. 흐드러진 저 자유로운 몸짓의 유혹을 어찌 이겨내랴. 카메라에 담아도 도저히 성에 차지 않아 몰래 꺾어 책갈피에 꽂는다. 아마 서울에 계신 S선생님이 보신다면 귀한 꽃을 그 모양으로 갈무리하느냐고 하실 것 같다. 그저 간직하고 싶은 욕심으로 꺾어 버린 것을 금방 후회한다. 눈 아린 아름다움이 방금 멱 감고 나온 고운 아가씨의 자태다. 알프스의 꽃은 꽃이 아니라 하늘이 쏟아놓은 보석이다.

생각나는 가요를 흥얼거린다. 누구의 노래였던가, 자신을 야생화에 비유했단다.

잊혀질 만큼
괜찮을 만큼
눈물 머금고 기다린 떨림 끝에
다시 나를 피우리라…

▲마터호른

▼트래킹으로 내려오며

▲발레 지역 가옥 살레

야생화는 아름다운 떨림이었다.

올라오는 스위스 사람들을 만났다. 트레킹을 하며 숨을 고르고 폐부 깊이 맑디맑은 공기를 마시는 사람들이었다. 할아버지 두 사람이 약초를 캔 것을 보여 주며 제 나라말로 설명을 하기에 알아들은 듯 웃음으로 답하며 고개를 끄덕였다.

갈림길에서 핀델린(Findeln)이라는 노랑의 하이킹 코스를 따라가니 알프스 계곡, 발레(Valais) 지역 특유의 스위스 전통의 가옥 살레(Chalet)로 가득한 조용한 산악마을 핀델린에 도착했다. 살레로 이루어진 농촌, 지붕이 크고 목재로 만들어져 정겨움이 절로 쏟아진다. 이방인을 위한 숙소도 살레가 가장 많아 나무에서 나오는 전통적인 냄새가 발걸음을 묶는다. 목재로 된 엘리베이터의 따뜻함. 살레가 모여 있는 마을은 나무들의 고향이다. 불을 때기 위한 장작이며 묘하게 얽어 놓은 집들이 고전적이다. 조금 내려오니 빨간 나무의자를 만들어 쉬어가게 한다. 올라오던 젊은 남녀가 어깨에 손을 두르고 하얀 글씨로 'Great to see you'라고 쓰인 의자에 앉아 싱그러움을 나눈다.

아, 아직도 마테호른은 앞에서 악장처럼 안내하고 있었다. 가야 할 곳을 지휘하며 자연이 주는 축복을 거대한 산은 다스리고 있었다. 멀리서 들리는 작은 폭포소리를 귓가에 감으며 등산철도 길을 가로질러 체르마트로 돌아왔다.

숙소로 돌아가고 싶지가 않았다. 내친 김에 체르마트 중앙역 반호프(Bahnhof)로 갔다. 성 마우리티우스(ST.Mauritius)성당에 가기 위함이었다. 거대한 마터호른에 발자국을 남기기를 소망하던 산악인들이 성당 뒤 산자락 묘지에 잠들어 있기 때문이기도 했다. 성당의 천장에는 1980년 피렌체의 파울로 파렌테(Paolo Parente)가 그린 '노아의 방주'가 자리하고 있어 자연이라는 것이 사람들에게 무언의 가르침을 주고 있는 것 같기도 했다.

나뭇가지 사이로 마터호른이 보였다. 저 위용이 아름다운 산하를 낳았을까. 거기서 흐르는 빙하의 물이 흘러 어디서나 목을 축

▲성 마우리티우스성당

이게 하는 걸까. 그러나 그 아름다움을 정복하기 위해 올랐던 사람들이 누워 있는 저 묘지 위에 마터호른은 한 점 흔들림도 없이 자연의 모습 그대로 솟아 있었다. 위대함이여! 그대 품 안에 나도 언젠가 돌아가리니.

▼묘지

고르너그라트(Gornergrat)

- 전망대

묘지를 본 후 다 채우지 못한 뭔가가 있는 듯해 다시 톱니바퀴식 산악기차를 타고 3,094m의 고르너그라트(Gornergrat) 전망대에 올랐다. 사시나무 떨 듯 떨면서 맞은 여름의 한 자락이었다. 문득 시계를 쳐다보니 3시 31분.

▾ 고르너그라트 전망대

▲고르너그라트 역 ▼고르너그라트 전망대

몬타뇰라(Montagnola)

- 헤세(Hesse)의 빛

자동차로 달려온 지 열하룻날 스위스의 몬타뇰라에 도착했다. 여행자 안내소에서 추천 받은 숙소는 아그라 펜션이었다. 숙소를 찾아 올라가는 길에도 '헤르만 헤세박물관으로 가는 길', '헤르만 헤세 집으로 가는 길'과 같은 이정표가 있어 처음 찾는 길손들에게도 낯설지 않았다. 그의 고향인 독일의 칼프가 가슴 설렘이었다면 일찍 이주(1919년)한 스위스의 루가노 지방 몬타뇰라는 눈부신 빛이었다. 작은 마을, 43년간을 멋진 정원사가 되어 정원을 가꾸며 글을 쓰고 겸허하게 자신을 채찍질한 헤세가 처음으로 지었던 바로크풍의 고풍스러운 저택 '카사 카무치'나 마지막까지 살았던 집 '카사 로사' 위로 뚝뚝 떨어지는 고운 빛들이 헤세로 하여금 불혹의 나이에 첫 붓을 들게 했으리라. 자연의 선물이 위대한 작가의 손을 빌어 문학으로 또는 마음 가는 대로 그린 그림으로 탄생

▲아그라펜션

하였음에 감탄할 수밖에 없었다. 눈부신 마을 몬타뇰라는 헤세의 영혼이 깃들어 있는 영감의 보고였다.

골목을 들어서면 알락달락한 지붕을 이고 있는 집들이 시선을 끌어당긴다. 좁고도 구불거리는 골목길의 정겨운 풍경들과 모퉁이를 돌아서면 화들짝 놀라게 하는 이름 모를 꽃들이 줄지어 펼쳐진다. 다시 눈을 들면 싱싱하게 열매를 올리기 위한 준비에 여념이 없는 포도넝쿨들이 탐지다. 그 위에 다칠세라 가볍게 앉은 하늘, 멀리 내려다보이는 에메랄드 빛 루가노호수까지 헤세의 손끝에서 맑디맑은 수채화로 피어났음을 볼 수 있음에 가슴이 뭉클해온다.

몬타뇰라에서는 그의 작품들이 빛을 보는 반면 고향 독일에서는 히틀러 집권 기간엔 오히려 불온하다 하여 「수레바퀴 아래서」나 「나르치스와 골드문트」, 「황야의 이리」, 「관찰」 등이 인쇄되지 못한 때도 있었음은 안타까운 일이었지만 그의 심오한 사상과 언

▲루가노호수

어의 연금술은 더 이상 묻혀 있지는 않았다. '에밀 싱클레어'라는 가명으로 내놓은 「데미안」은 젊은이들의 바이블이 되었고 1943년에 출간된 그의 대작 '유리알유희'는 그에게 노벨상을 안겨주었다.

몬타뇰라를 거닐며 생각에 잠겼다. 헤세의 많은 작품 중에서도 이곳과 가장 잘 어울리는 작품은 「클링조어의 마지막 여름」이라는 생각이 들었다. 열 개의 에피소드로 엮어진 단편으로 많은 사람들이 그리 눈여겨보지 않는 책이다. 클링조어라는 화가를 통해 이글거리는 태양과 미묘한 색깔들을 세밀하게 표현한 것은 흠모하던 반 고흐를 생각했음이리라. 붉은 색과 노랑이 이 소설을 지배한다.

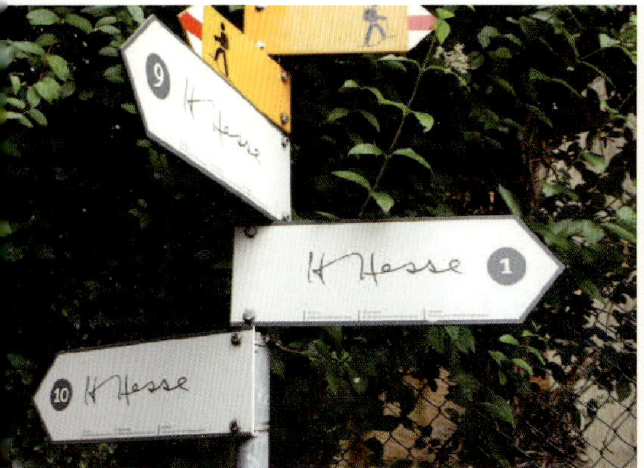

9
H Hesse
1
10
H Hesse

Hesse

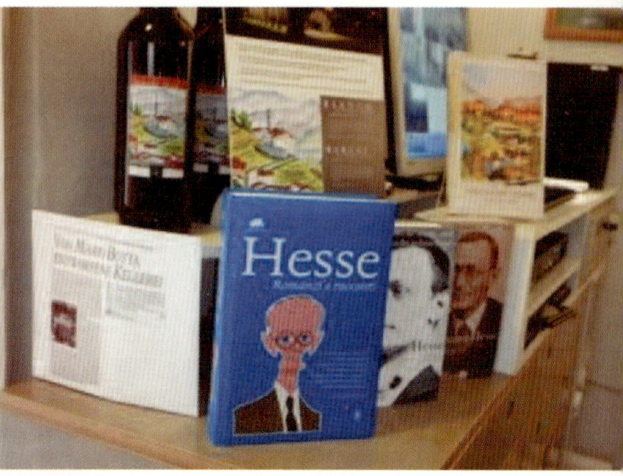

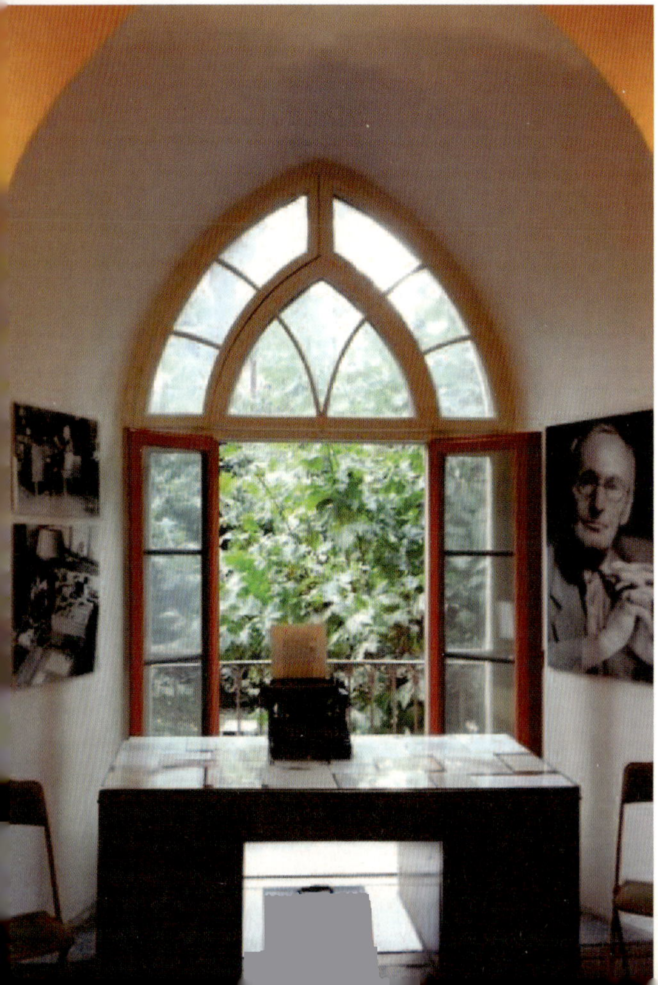

◀ ▲ 헤세박물관

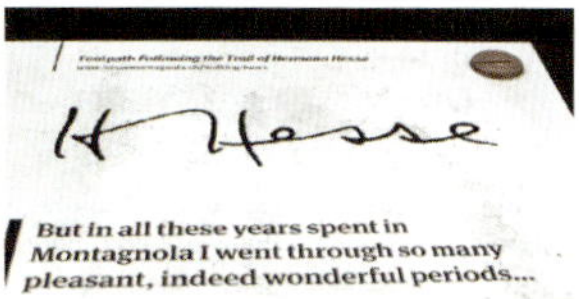
H Hesse
But in all these years spent in Montagnola I went through so many pleasant, indeed wonderful periods...

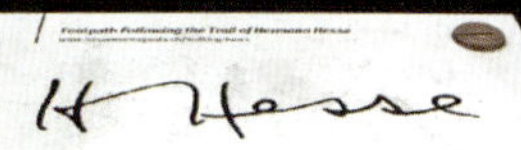

반 고흐가 잘 사용하던 색깔이기도 하지만 그것은 바로 몬타놀라의 빛이기도 하다. 잉글리시 레드, 시에나, 카드뮴옐로, 크롬옐로, 나폴리옐로…. 비처럼 쏟아져 내리는 화려한 빛, 눈부신 색깔들은 카사 카무치에서 내려다보면 한눈에 볼 수 있는 카니발이다. 루가노호수의 눈부신 블루의 색채까지도 한 몫을 한다.

죽음을 앞둔 클링조어가 마지막 여름을 불태우는 처절한 예술혼이 전율처럼 오기도 했다. 그것은 바로 헤세의 정신이고 그의 문학이며 그림이고 어릴 때부터 길들여온 음악의 리듬이었다. 몬타놀라는 헤세의 몸속 구석구석까지 붉은 포도주처럼 스며들어 그의 손끝에서 예술로 피어올랐다. 어디선가 정원을 가꾸던 그의 손길이 나뭇잎을 쓸어내고 다듬는 소리가 들려올 것만도 같았다.

저녁종소리가 들려오고 있었다. 사이프러스 나무가 열병식을 하는 성 아본디오(Abbondio)성당에서 은은한 빛처럼 퍼져 나오는 삼종(三鐘*)이었다. 성당 맞은편, 아본디오성당의 묘지에 잠든 위대한 예술가의 그림자를 찾아 걸음을 옮기는 나를 몬타놀라는 당사실처

▾아본디오성당

럼 고운 빛으로 그 앞까지 안내했다. 헤세가 추구하던 빛의 집합이었다. 그리고 그가 지냈던 곳마다 아름다이 가꾸어진 정원에 쏟아지는 햇살이었다. 그는 몬타놀라의 자연을 사랑한 화가였으며 마음의 울림을 노래한 시인이었고 처절할 만큼 열심히 살아온, 영혼을 갈무리한 소설가였다. 그리하여 그가 남긴 위대한 빛은 그를 사랑하는 사람들의 가슴에 영원한 그리움으로 남아 메아리로 퍼져갈 것이다.

우리의 영혼을 통해
신의 빛은 창조하면서 행위 하면서
수천 가지 고통과 행복으로 변모한다네.
그리하여 우리는 그를 태양이라 찬미한다네.

\- 헤세의 '색채의 마술'에서

*삼종: 가톨릭에서 하루에 세 번 치는 종. 아침 6시, 정오, 저녁 6시

▼헤세 묘지

생 모리츠(St. Moritz)

- 세간티니미술관

도록(圖錄) 세간티니미술관(Segantini Museum)을 펼치고 있다. 조반니 세간티니, 이탈리아의 화가(1858~1899). 독자적인 분할 화법을 적용하여 알프스를 중심으로 한 산악 풍경을 그렸고 만년에는 상징주의적 색채를 띠는 작품을 많이 남겼다. 41세로 생을 마감한 불우하고 외로웠던 세간티니는 이탈리아령 알프스에서 태어난 화

▲장크트모리츠호수

가이면서도 생 모리츠에 그를 기념하는 미술관이 있을 만큼 스위스의 알프스에 묻혀 산 화가이다. 자연이 주는 심오함 속에 일찍 혼자로 남겨져 방황하던 어린 날을 그림으로 탄생시킨 그에게 알프스는 어떤 존재였을까. 삶의 힘이었지 싶다. 고향이고 연인이었으리라. 알프스의 사계가, 신선한 맛의 공기가 그의 폐부로 가서는 풍경으로 알프스의 빛으로 탄생되어 눈앞에 있었다. 그의 대작 「인생(Life)」 「자연(Nature)」 「죽음(Death)」은 세 작품만으로도 미술관을 채울 만큼 가슴 벅찬 감동이었다. 마지막 작품 「죽음」은 그대로 미완이었다.

죽는 순간까지 자기의 산, 알프스를 보고 싶어했던 그의 소망은 원통형 석조건물의 미술관으로 탄생되어 멀리 장크트모리츠(St. Moritz)호수를 바라보고 있었다. 미술관은 그가 생전에 디자인한 것이라는데 서늘하도록 아름답고 관람하기에는 아늑했다. 바라보이는 호수엔 빛살이 사금파리 되어 부서지고 부서져서는 햇싸라기가 되어 훨훨 날아 곁에 앉았다. 왜 그의 그림은 눈물이 되었는지. 왜 나는 한국의 제주, 사진작가 김영갑의 갤러리를 함께 떠올렸는지 알 수가 없다. 돌아와서 기어이 앓고만 나는 그의 도록을 구입하고는 내 케렌시아가 그 그림 속인 양 하루에도 몇 번씩 그의 그림에 몸을 누인다.

▾풀숲에 덮인 세간티니미술관

▲Ave Maria on the Lake. 1886
Segantini Museum.St.Moritz.

▲Midday in the Alps. 1891
Segantini Museum.St.Moritz.

◀Grisons Costume.1887
Segantini Museum.St.Moritz.

생 모리츠(St. Moritz)에서 트리노(Trino)

- 스위스에서 이탈리아로. 특급열차(Bernina Express)

프랑크프루트를 떠나온 지도 벌써 2주일이다. 카사 프랑코(Casa Franco)라고 하는 게스트하우스에서 토요일 밤을 지냈다. 6월 14일 일요일, 눈을 뜨니 먹장구름이 앞을 가리고 있었다. 바람이 불면 어떠랴, 비가 뿌린들 무어 그리 답답하겠는가. 한국에서 두 달 전에 예매한 베르니나 특급티켓이 우리들 수첩 갈피 속에서 기다리고 있으니 든든하기만 했다.

꿈에 그리던 베르니나 특급을 타는 날이다. 스위스에서 이탈리아까지 어떤 것이 내 앞에서 신선한 바람처럼 펼쳐질 것인가를 생각하니 바로 설렘이었다. 4시간을 기차 속에서 절경을 구경하기엔 일정이 버거워 생 모리츠에서 탑승하여 이탈리아 트리노까지 2시간 30분만을 누리기로 했다. 9시 30분 출발이건만 마음이 앞서가기에 게스트하우스에서 이르게 나오고 말았다.

▲ 연주에 심취한 팔자수염 할아버지

생 모리츠역. 쉬어가기에 좋은 아름다운 역이다. 음악이 흐르는 역이기도 하다. 도착했을 땐 다섯 명의 악사들이 요들송을 벌써 연주하고 있었다. 구경꾼들조차 흥겨움을 이기지 못해 손에 손을 맞잡고 돌아가고 있었다. 손뼉을 치며 발을 구르는 나를 발견하고는 '숫기 없는 나도 이럴 수 있구나' 하며 웃고 말았다. 흥이 넘쳐 빨간 베르니나 특급열차가 들어오는 것도 모르고 있었다. 베르니나는 제법 굵은 비를 맞고 와서는 설레는 가슴들을 실었다.

품에 안긴 연인처럼 자박자박 비가 내려 가슴을 흠뻑 적셨다. 친구가 곁에 있으나 한마디도 나누고 싶지 않을 만큼 경치들이 손짓하며 다가오기에 아예 빈자리를 찾아 앉았다. 열차 밖으로 보이는 숲 위에 숲이 무게를 더하며 눕는 것이 보였다. 터널을 지난다. 터널인가 하면 타원형으로 생긴 다리를 돌아 내려간다. 55개의 터널과 196개의 다리를 지난다. 곡예사의 몸놀림 같은 아름다움이 철도 기술의 걸작으로 인정되어 유네스코 세계유산에 등재되어 있다는데 부인할 사람이 전혀 없을 것 같다. 해발 1,775m의 생 모리츠에서 차츰 느릿하게 뒷꽁무니를 흔들며 오르더니 드디어 세계에서 가장 높은 역인 2,253m 오스피치오 베르니나(Ospizio Bernina) 역에서는 숨이 가쁜지 곧바로 내리꽂히듯 내리달려 그림 같은 알프 그륌(Alp Grüm)에서 멈추었다. 아름다운 시골 마을이다. 멀리 보이는 알프스가 하얗게 눈을 뒤집어쓰고 있는데 그 아래 에메랄드빛 호수가 비에 젖고 있었다. 우비를 입은 사람도, 우산을 쓴 사람도 없었다.

▼알프 그륌

◀곡예사 같은
베르니나 특급

렌즈에 물방울이 맺혀 사진을 일렁이게 해도 아랑곳없이 셔터를 누른다. 사람들조차 자연의 일부가 된다. 비를 맞고 있는 한 그루의 나무가 된다. 긴 열차가 뱅글뱅글 루프식으로 회전하며 차츰 고도를 낮춘다. 저 절묘한 곡에 같은 열차의 뒤뚱거림. 산악을 타고 내려온 산악자전거 같은 열차의 움직임이다.

알프스를 절묘하게 오르락내리락하더니 베르니나는 생 모리츠보다 더 낮은 지대에 있는 포스키아보(Poschiavo)로 내려왔다. 이탈리아에 가깝다고 느껴졌다. 지붕의 색깔이 다르고 모양이 다르다.

▼트리노 거리

오래 머무르고 서 있었다. 비에 젖은 호수가 함께 동행하고 있었다. 작은 시골 마을은 평화롭고 안온해 보였다. 다음은 르 프레스(Le Prese)였는데 여기서부터는 베르니나는 트램과 공존을 했다. 특급의 이름표를 감추고 트램이 되어 시가를 누비며 이탈리아를 향해 달리고 있었다. 얼마 후 산악을 아슬아슬한 곡예로 또는 느림의 미학으로 내려온 흔적은 지우고 입성한 승리군처럼 당당히 이탈리아의 트리노에 관광객을 부려 놓았다. 트리노는 베르니나에서 내리는 관광객이 없다면 무척 한산할 것 같았다.

트리노는 맑음이었다. 허리를 펴는 관광객들은 이탈리아 거리를 활보하며 주어진 시간을 새로운 이야기로 꾸리기 위해 서둘러 뿔뿔이 흩어져 갔다.

피자로 허기진 배를 채우고 본젤라또 아이스크림으로 인증샷을 남기듯 이탈리아로 건너왔음을 확인했다. 산악으로 이루어진 스위스. 그러나 그들이 다스려온 자연은 놀라움이다. 어찌 아름답다는 한마디 말로 일축할 수 있으랴. 언어의 부족이 절실히 느껴질 뿐이었다. 다시 스위스로 돌아갈 시간이 되자 잠깐이나마 이탈리아를 가슴에 안은 사람들이 꾸역꾸역 몰려들고 있었다. 그 대열 속에 나도 한 사람이 되었다. 안타까운 마음과는 관계없이 베르니나 특급은 느린 특급이지만 아주 빠른 속도로 내 몸 구석구석에 기찻길을 내고 있었다.

마이엔펠트(Maienfeld)

- 하이디(Heidi)의 집

마이엔펠트! 스위스의 목가적인 풍경을 가장 많이 담고 있다고 해도 과언은 아닐 것이다. 찾아가는 길엔 소들이 앞서거니 뒤서거니 하며 떼를 지어 내려온다. 소몰이하는 이는 아랑곳하지 않는다. 순한 눈이 자동차를 보며 찡긋한다. 카메라를 들이대어도 예사롭게 받아 넘기는 양순함이 속눈썹에 매달렸다.

안내소엔 영어로 겨우 의사소통을 할 수 있는 할머니가 기념품을 팔며 안내를 해 주고 있었다. 숙소는 가까운 짐머(Zimmer)를 택했다. 다른 곳보다 무척 좁았다.

그러나 초등학교 때 읽었던 하이디의 착하고도 예쁜 모습이 그대로 재현되어 있다는 그 마을 주변까지 왔다는 기쁨에 묵을 방이 좁은 것을 아랑곳하지 않았다.

▲하이디의 오두막

기념품 가게에서 한국 아가씨를 만났는데 친구가 취업 차 스위스에 거주하고 있기에 놀러온 것이란다. 하이디의 집을 찾지 못해 다시 안내소로 온 것이라며 반가워했다. 재미있는 것은,

"아, 얘기 들었는데 그 사람들인가요?"라며 반긴다. 체르마트에서 한국 사람을 만났는데 여자 두 사람이 독일에서 차를 빌려 스위스로 왔더라고 놀람으로 이야기를 전하더란다. 친구와 난 이미 유명인이 되어 있었다. 어찌 하이디만큼이야 하겠냐마는. 기분이 꽤 좋아진 우리는 그 아가씨를 내비게이션이 있는 우리 차에 동승하게 했다.

이미 우리는 하이디의 친구가 되었는지도 모를 일이다. 포도밭을 지나 솔솔 뿌리는 빗속으로 달려 하이디의 마을과 그 집에 도착할 수 있었다.

요한나 슈피리 여사의 동화 같은 소설 '하이디'는 알프스의 산골 마을이 아니면 탄생하지 못했을 것이다. 자연을 닮은 사람들이 자연처럼 살아가는 마이엔펠트의 모습 그대로다.

부모가 없는 하이디는 이모의 손에 이끌려 할아버지 집으로 오지만 다시 부잣집으로 가서 몸이 성하지 못해 함께 놀아줄 친구를 구하는, 클라라라는 소녀의 친구가 된다. 귀할 것 없는 집과 불편함이라고는 없는 생활 속에서도 하이디는 자유롭게 불던 바람, 친구인 페터와의 조심하지 않아도 편했던 언어들을 잊지 못한다. 따뜻하진 않아도 든든하던 할아버지에 대한 향수로 차츰 병들어 가고 있었다. 이유를 알지 못하는 클라라의 집에서는 가난과 무뚝뚝한 할아버지로부터 구해 주었다고 생각했는데 점점 힘을 잃고 먹는 것조차 멀리하는 하이디가 이상하기만 해서 주치의를 부르게 된다. 의사는 따뜻하고 누구보다 고운 하이디가 향수병에 걸린 것이기 때문이며 드넓은 고향으로 보내줘야 한다고 얘기를 한다. 그 외는 하이디를 치유 시킬 수 있는 것은 아무것도 없다는

▲작품의 재현

간곡한 의사의 부탁으로 그와 함께 돌려보낸다. 그 대신 클라라가 다 나으면 찾아가기로 한다. 클라라도 하이디와의 편하고도 보드라운 우정을 내내 그리워할 것이기에.

돌아온 하이디는 마을 입구에서 햇빛을 받아 연붉은 빛으로 물든 구름이며 아름다운 풍경에, 밤마다 그리워하던 대지의 호흡에 눈물을 흘린다. 파이프를 물고 오두막집 앞에 앉은 할아버지는 부잣집에서 거만해지고 산골을 잊었으리라 생각했던 하이디의 변하지 않은 모습에 가슴이 저려온다. 모두 친절했지만 목에 덩어리가 있는 것처럼 늘 숨이 막혔다는 하이디의 이야기에 할아버지는 산골에서 먹이던 염소젖을 먹인다. 그 고소하고 따뜻한 염소젖이 잃었던 식욕마저 되살려 준다. 하이디를 데리고 온 의사와 할아버지는 하이디를 영원한 산골의 소녀로 살 수 있게 돌보아 주기로 의기투합한다.

이러한 작품 속 이야기들이 모두 인형으로 재현되어 있었다. 그리고 이 소설이 얼마나 많은 나라로 번역되어 퍼져갔는지 각 나라의 번역본들이 전시되어 있었다. 아, 우리의 책, '알프스 소녀 하이디'

도 자리를 차지하고 있었다. 내가 읽었던 바로 그 책이었다.

초등학교 3학년 때였다. 그해 겨울은 얼마나 추웠던지. 그 겨울 밤을 '하이디'로 새웠던 기억이 새롭다. 어찌 내가 이곳에서 하이디를 만나리라 꿈엔들 생각했으랴. 어찌 배경이 된 마이엔펠트라는 도시에 오리라고 상상이라도 했을까. 이 넓은 초원과 머리카락을 흔들고 가는 알프스의 바람을 맞으리라 생각할 수 있었겠는가. 하이디의 생가는 꿈이 이루어졌음을 확인시켜 준 아름다운 풍경이었다. 부슬부슬 안개비에 풀섶이 젖어 발목을 적시는데 어릴 때의 꿈이 눈앞에 펼쳐진 듯해 방명록에 큼직하게 써 두었다. 꿈을 키워 글쟁이가 되어 찾아왔다고.

그 순간 글이란 내겐 꿈을 키워가는 사다리며 영혼을 빚어내는 도구라는 생각에 가슴이 뜨거워졌다.

▲「알프스 소녀 하이디」 번역판

아펜첼(Appenzell)에서 에벤알프(Abenalp)로

- 진정한 스위스

처음으로 내가 디디고, 그리고 누비고 있는 스위스라는 나라는 어떤 나라일까 생각하게 했다. 그건 자연이었다. 작은 나라 같으나 자연을 통째로 가지고 있는 너무나 큰 나라. 강대국들 사이에서 지켜온 자국에 대한 자긍심. 영세중립국이 될 때까지의 그들의 노력. 보물섬 같은 알프스. 그 광활함. 여느 나라가 다 그러하겠지만 스위스는 몸으로 부딪치고 힘주어 걷고 대부분 둘 이상의 언어를 사용하는 그들의 대화를 귓가로 흘리며 자연의 경건함에 몸을 부릴 때에야 겨우 몸속으로 와서는 잘 왔다고 인사하는 나라라는 생각을 떨칠 수가 없었다.

아펜첼에 와서야 더더욱 그러했다. 흐드러진 목초며 떼 지어 다니는 소들의 느린 숨소리가 가슴으로 파고 들어왔기 때문이었다. 위대한 자연 앞에 자꾸 목이 마르고 왜소해지던 순간을 영원히

▸ 에벤알프 케이블 승강장

잊지 못할 것 같다. 스위스의 목가적인 풍경을 넉넉히 느낄 수 있었다. 요들송의 축제가 곧 판을 펼 것 같은 스위스다운 스위스의 마을이었다.

우리들의 목적지는 에벤알프였다. 에벤알프, 더구나 영국 방송 BBC에서 죽기 전에 가 보아야 한다는 열 곳 중에는 여기에 있는 '에셔산장'이 있었지만 그저 머리에 그리며 에벤알프로 가는 공중 케이블을 타기 위해 바서라우엔(Wasserauen)으로 달렸다. 케이블에 올라 1,664m의 에벤알프로 올라갈 때는 내려다보이는 지천의 초

▲ 게스트하우스 에벤알프

록과 운무가 다른 것을 보게 하지 않았다. 지상의 천국이라는 값싼 말 외에 무엇으로 대신할 수 있을까. 그 정상에 있는 게스트하우스에서 일하는 몇 사람만이 우리와 동승했다. 내친김이라 내리자마자 게스트하우스 '에벤알프(Berggasthaus Ebenalp)'로 올라갔다. 몹시 추운 날 길을 헤매다 작은 불빛 찾아 들어가서 따끈한 차 한 잔을 얻어 마시고는 세상을 다 얻은 듯한 기분이 될 때를 헤아려주면 좋겠다. 딱 그런 기분이었으니까. 목을 타고 내려가던 홍차의 맛. 1640m, 17개의 방.

가리마처럼 갈라진 하이킹코스로 걸어가는 사람들의 모습이 아득했다. 그 속에 들어가 온 산을 누비고 싶었다. 들꽃 속에 묻혀도 좋으련만. 가슴에 품고 싶었다. 한 무리의 학생들이 노래를 부르며 들어와 생각의 파문은 더 번져가지 못했다. 진정한 스위스, 목가적이며 당당하고 유연하며 여유로운 스위스가 거기에 존재하고 있었다.

▲생 갈렌 대성당

생 갈렌 대성당과 수도원 부속도서관

- 세계에서 가장 오래되고 아름다운 도서관

생 갈렌 대성당(St. Gallen Catheedral) 앞에 서면 바로크 양식의 화려함에 압도당한다. 성당을 반 바퀴쯤 돌아 수도원 부속도서관을 만났다. 성당을 비롯하여 수도원 부속도서관이 모두 1983년에 유네스코 문화유산에 등재되어 있다고 했다.

도서관 티켓

부속도서관은 크기도, 들어가는 절차도 숨죽이게 했고 8세기부터 18세기까지의 17만 권의 장서 보존도 어마어마하지만 그중 2천여 권이 수도사들이 필사한 고서라고 하니 놀람의 연속이었다. 부속도서관 가는 길엔 화살표로 방향 표지가 있고 출입문에는 '성당부속도서관(Stiftsbibliothek)'이라고 큰 글씨로, 그 아래는 '수도원도서관(Abbey Library)'이라고 작은 글씨로 써져 있었다. 이 도서관을 '영혼을 치유하는 곳'이라는 뜻으로 시레나포테크(Seelenapotheke)라고 한단다.

그렇다. 몇 만 년이 흘러도 고서는 영혼을 깨끗이 씻어주는 도구가 아니겠는가. 더구나 수도로 세월을 엮는 수도원의 부속도서관이니 더 말해 무엇 하겠는가.

반대로 마을은 화려함이다. 창문이 밖으로 튀어 나온 퇴창이 유난히 눈을 끌고 퇴창이 아닌 곳은 거의 빠짐없이 화려한 그림으로 꾸며져 있었다. 생 갈렌은 우리를 그렇게 맞았다가 떠나보내주었다. 또 다른 스위스를 맛보라고.

▾도서관 내부

▾성당부속도서관 · 수도원도서관

▲생 갈렌 대성당의 내부

▲생 갈렌 대성당

생 갈렌(St. Gallen)

- 마음에 담긴 숙소. B&B 프라이빗 짐머(Privat Zimmer)

자동차 여행도 막바지로 치닫고 있었다. 배낭이 아닌 자동차 여행은 처음이었다. 19일로 한정하고 떠났지만 짧은 기간이었다. 프랑크프루트에서 떠나와서 풋풋한 스위스의 아름다움을 만끽하고 취리히로 달려가고 있었다. 여행에서 빼놓을 수 없는 것은 바로 먹거리와 잠자리다. 소시지와 빵으로 대부분의 날들을 보내면서도 그리 불편하지는 않았다. 그것보다 포근한 잠자리를 만날 때의 기분은 이루 말할 수가 없었다. 내비게이션 하나에 맡긴 채 하루를 보내고 편히 지낼 곳을 만남은 행운이었다. 그만큼 집이라고 하는 것이 구체적으로 말하자면 우리에게 주어지는 방이 아늑할 때는 축복이라 생각되었다. 더구나 처음 독일에서의 나흘은 한국에서 예약해서 묵었지만 실패였다. 정확한 주소를 익혀 오지 않았기에 내비게이션이 찾아내질 못했고 시간을 맞추어 체크 인 하는 것이 어려웠다. 호텔이 아닌 이상 주인은 낮엔 일터에서 일을 하고 오후 늦게 돌아오기에 그것조차 불편했다. 스위스에서는 도착지마다 여행자를 위한 안내소에서 소개해 주는 곳으로 했다. 그러나 돈과 아늑함은 비례하기에 불편함도 감수할 수밖에 없었다. 주로 B&B와 스위스 전통가옥인 살레, 그리고 게스트하우스, 펜션을 이용했다. 주변에 싼 숙소가 없을 땐 호텔을 이용한 적도 두어 번 있었지만. 호텔을 제외하면 몇 층을 올라가도 계단이기에 오르내리는 것이 쉽지는 않다. 쉼 없이 돌아다니기에 짐이 가벼워야 한다는 것은 말할 나위도 없다.

그러나 어느 집이나 친절했으며 품위가 있고 신뢰가 있었다. 출입문 열쇠와 방 열쇠를 같이 주는 집도 있었다. 낮에 주인이 없을 때도 들어와서 방으로 들어갈 수 있게 함이었다. 그 많은 집들 중에서 돌아와서 다시 그 집을 찾아 가고 싶다는 집이 여럿 있지만 가장 스위스다웠던 한 집을 옮겨본다.

장크트 갈렌((St. Gallen)의 안내소에서 소개해 준 프라이빗 짐머(Privat Zimmer). 이 집이 가장 기억에 남는 이유 중의 하나는 여행을 하는 동안 마음 편히 잠을 잔 집이기 때문이다. 서로 다른 잠버릇 때문에 잠자리의 불편으로 바장이며 집이 그리운 날들이었다. 물론 그것까지도 머릿속에서 허락하며 시작한 여행이어야 했지만 그러지 못하고 불편함을 뭉개고 있었던 내가 어이없기도 했다. 그런데 여기에서 커다란 거실을 통째로 얻은 셈이었다. 바라보이는 방에 크게 자리하고 있는 고풍스런 목제침대도 없고 그저 넓기만 했으나 그게 어딘가. 투명한 천장으로 하늘이 보이고 별이 반짝였다. 별에도 이야기를 보낼 수 있었다. 눈치를 보지도 않고 한숨 같은 깊은 숨을 쉴 수가 있었다. 사그라지고 있는 내 몸속의 아픔들이 소리 내어 울부짖음도 개의치 않았다. 그것만으로도 이렇게 감사할 수 있을까.

빈틈없이 정갈했다. 분위기는 말할 것도 없지만 계단으로 오르는 중간쯤에 수채화 노트를 펼쳐놓고 보게 해 두었다는 것이 흔하지 않음이다. 돌아가면 소개하리라 몇 점을 카메라에 담았다. 각종 음료로 인해 밤은 지루하지 않았고 가톨릭 신자인 예쁜 아줌마가 예수님의 고상을 걸어두어 기도하는 맘으로 밤을 보낼 수도 있었다. 이런 방을 갖고 싶다고 작은 소망도 가져 보았다. 날이 밝았을 때 주인아줌마에게 내가 가장 아끼는 다섯 단의 묵주팔찌를 선물로 주었더니 목에 걸고 고맙다고 했다. 이주 잘 어울렸다. 정성껏 만든 묵주는 지적이고 고운 아줌마 목에서 더욱 진한 빛을 발했다. 유창하게 영어를 구사하는 스위스 아줌마와 가벼운 스킨십으로 이별인사를 나누었다. 또한 떠나는 우리에게 아줌마는 자기 어머니가 만든 꽃이라며 종이꽃 한 송이씩을 헤어짐의 선물로 주었다. 'Au Revoir' 다시 만나기를 소망하는 인사를 보냈다. 영원한 이별 같은 'Adieu'라는 인사는 하고 싶지 않았다.

▾비치된 수채화

▲강가에 앉은 노부부의 모습

슈타인 암 라인과 샤프하우젠

슈타인 암 라인(Stein Am Rhein)

라인강변의 아름다운 중세 도시, 이름조차도 '라인강의 보석'이다. 햇살에 부서지는 물결이 보석이 되어 반짝이고 도회의 집들은 중세의 멋을 이고 프레스코화로 단장 되어 어디로 눈 돌려도 황홀하기만 했다. 그 이름만으로도 찾지 않을 수 없는 곳이었기에, 라인강을 병풍처럼 안고 있는 집들은 속살거림이 배어나오듯 정겹기만 했다.

살아온 날 되짚듯 강가에 앉은 노부부의 모습은 마지막 남은 생의 애착까지도 내려놓은 듯한 가장 편한 모습이었다. 거기에 합세하듯 놀러 나온 오리들조차 한 폭이 되었다. 저 한유로움을 어찌 닮고 싶지 않으랴. 하루만이라도 내 물갈퀴 하나 만들어 라인강을 휘젓고 싶었다. 시간에 쫓겨 마음 달래며 조금씩 가까이 취

▲▼슈타인 암라인 마을 풍경

리히로 옮겨가는 길, 비싼 취리히보다 포이어탈렌(Feuerthalen)이 나으리라는 생각으로 이틀을 머물기로 했다.

숙소는 깨끗하고 비에 젖은 정원에 민달팽이 하나 배밀이하며 기어가고 있었다. 밤엔 기차소리가 났다. 숙소 이름과 같은 포이어탈렌역이었다. 비를 머금은 듯한 향수가 내내 밤잠을 설치게 했다.

샤프하우젠(Schaffhausen)

무노트(Munot) 요새는 숙소에서 멀지 않은 곳에 있었다. 마을보다 더 높은 곳에 지어진 것이란다.

▼무노트 요새

16세기경이라고 하니 꽤 오랜 시간을 건너온 것 같았다. 실내 광장에는 청소년을 위한 체육시설이 이용객을 반기고 있었다. 포도밭이 아름다운 배경으로 스위스다운 요새였으며 계단을 올라 바라본 집들은 알락달락 블록 쌓기를 한 듯 정교한 질서라고 해야할까. 조화로움이 또 하나의 예술을 창조하고 있는 듯했다.

라인강을 통한 교역으로 번영했던 도시답게 이름 자체가 '배의 집'이다. 계단을 내려와 시가지를 걸으면 화려한 벽화와 170개를 웃도는 퇴창의 건물이 중세로 이끄는 듯하다.

▾포도덩굴이 옹위하고 있는 무노트 요새

▲무노트 요새에서 바라본 시가지

구시가지의 유산을 지닌 듯 프론바그(Fronwag Platz) 광장엔 퇴창이며 프레스코화의 창들이 화려해 르네상스 시대를 걷고 있는 듯한 착각에 빠지고 한참을 돌다보면 다시 무노트 요새로 들어가는 계단을 만나게 된다.

▼스위스 용병의 상 ▼프론바그 광장과 시계탑 ▼ 프레스코화가 돋보이는 기사의 집

취리히(Zürich)

- 미술관에서 만난 두 화가 이야기

어디서 와서 어디로 흘러가는 것일까. 스위스의 산야를 감아주며 날아다니는 바람은 유쾌한 입맞춤이었다. 그 바람을 가르며 달려와 취리히미술관 앞에 섰다. 소박한 생김의 미술관이 아주 고전적인 색감으로 맞이해 주었다.

상설과 특별전이 있었으나 상설의 작품들만을 보기로 했다. 이국의 사람을 맞는 그들은 아주 자세하게 설명을 아끼지 않았다. 그리고 경로 우대가 있다는 사실이, 증명서를 전혀 보지 않고 질문으로만 확인한다는 사실이 얼마나 경이로움인가. 가슴에 S자의 배지를 달아주었다. 신뢰를 받는다는 사실이 그렇게 든든할 수가 없었다. 미술관 전체는 벌써 입구에서부터 투명한 바람처럼 신선했다. 뿌리는 비에 바람이 젖고 있었다. 신뢰를 받은 만큼 전시된 작품에 대해서도 신뢰가 갔다.

상설 전시회장으로 들어갔다. 여느 미술관과 그리 다르지는 않았다. 중세기 미술에서부터 현대의 새로운 미술에 이르기까지 열둘의 방으로 나누어져 있었다. 특히 제나라 화가에 대한 배려는 무척 컸다. 지원하는 힘으로 그들은 생동하는 그림을 그리지 않았을까 싶다. 특히 19세기 스위스의 미술에 대한 방과 역시 스위스의 화가인 호들러와 스위스 상징주의에 대한 방이 따로 있음이 그것을 증명하고 있었다.

많은 화가를 만날 수 있었음은 어떤 것과도 비교되지 않는 환희였지만 내가 만나고 싶었던 두 화가를 만날 수 있었음도 누군가에게 자랑하듯 전하고 싶었다. 한 사람은 생 모리츠에 미술관이 있는 세간티니(Segantini: 1858~1899)이며 또 한 사람은 호들러(Hodler: 1853~1918)였다. 두 사람의 방의 이름이 다르듯 두 사람은 완연히 달랐다. 그러나 그들의 맥은 알프스에 있었다. 알프스라는 거대하면서도 따뜻하고 숨을 트이게 하며 날로 새롭게 피어나는 자연이 그들 작품의 근원이었다.

▾ 취리히미술관

이탈리아령 알프스에서 태어난 세간티니는 평생을 알프스와 교감하며 인상주의 작품과 우의화를 그렸고 그의 미술관에 전시된 대작 '인생, 자연, 죽음'이라는 제목이 붙어 있던 그림 석 점도 그러했다. 풀밭에서 아기를 잠재우는 엄마, 소를 몰고 돌아가는 부부의 모습, 눈 쌓인 알프스에서 죽음을 애도하는 사람들의 슬픔이 절절이 밴 모습을 그렸는데 그 그림들은 모두 사계의 눈뜸과 피어오르는 산 냄새와 겨울이 되면 하얗고 맑게 뒤덮이는 알프스가 바로 배경이었다. 알프스에서 살다 알프스에 혼을 묻은 사람이었다. 그의 그림은 취리히미술관에서도 그랬다. 여섯 점의 주제는 달랐지만 배경은 알프스였으며 그의 작품 속에서 알프스는 숨 쉬고 있었다.

▾Segantini: Girl knitting in Savognin. 1888
Kunsthaus Zurich. Oil on canvas. 53×91.6cm

호들러의 작품이 전시된 상징주의의 방으로 들어갔다. 그리 부유하지 못한 목수의 아들로 6남매 중 맏이로 태어나 일찍 부모를 여의게 되었지만 풍경화에서부터 시작하여 차츰 상징주의로 흘러간 그는 '성시간(Holy Hour: 성체 앞에 묵상하는 시간)'이라든가 '구두를 만드는 사람', '자화상' 등에서 선명하고 깔끔한 선이라든가 색감이 인물의 영혼까지도 드러내고 있는 듯했으며 '해질 무렵의 제네바 호수'에서는 평행선으로 해진 이후의 호수까지도 상상하게 해 주었다. 그리고 '새벽녘 몽블랑이 잠긴 제네바 호수'에서도 여명이 차차 호수를 물들이는 모양을 평행선으로 나타내어 밝아올 날에 대한 무한한 기대와 가능을 드러내고 있었다. 그의 상징은 더 많은 것을 유추할 수 있게 해 주었고 안온한 품에 안긴 듯 따뜻하게 느껴졌다. 두 화가 모두 스위스를 대표하는 화가로 손색이 없는 알프스 사람들이었다.

▾Hodler: Holy Hour. 1907
Oil on canvas. 182.5×224cm

▲Hodler: Lake Geneva with the Mont Blanc at First Light.1918
Oil on canvas 65×93cm

취리히미술관(Kunsthaus Zürich-The masterpieces)은 알프스에 묻혀 알프스를 꿈꾸며 그 거대한 산이 준 예술의 영감을 남김없이 펼치고 간 두 거장을 내게 선사한 것이었다.

19일 동안의 자동차 여행을 마치고 한국으로 돌아와 난 몽환에 싸인 듯 정신을 차리기 힘들었고 그리고는 날마다 앓았다. 앓으면서도 눈앞에서 어른거리는 알프스의 영혼 같은 두 화가를 잊지 못해 끙끙거렸다. 팔이 아파서 짐을 줄이느라 도록을 사오지 않은 사실 땜에 한숨으로 보내기도 했다. 물론 세간티니와 호들러의 도록은 없었다. 그들의 그림을 다시 보러 가고 싶을 만큼이었다. 그런 내가 딱해서 보기 힘들었던지 제자는 내게 취리히미술관과 세간티니와 호들러의 도록을 독일의 미술계 전문 출판사 하체 칸츠에서 발간된 것을 구입해 주었다. 그 고마움은 잊을 수가 없을 것 같다. 그도 내가 입이 닳도록 이야기한 알프스의 마력에 이미 매료된 게 아닐까 싶다. 내가 들려 준 알프스와 레만호수의 이야기로는 만족하지 않고 언젠가 그도 직접 찾아가리라 확신한다. 밤마다 나는 알프스를 꿈꾸고 S자를 달고 그 넓은 취리히미술관을 헤집던 날을 그리며 가슴이 젖어들기 시작했다.

예술이란 아름다운 눈물일지도 모르겠다는 생각을 한다. 도록을 보며 눈물이 나니. 그리고 그 예술의 향기는 길 없는 길을 따라 어디까지라도 날아가 씨앗이 되어 움트리라 믿는다.

▾Hodler: The Shoemaker.1887
Oil on canvas. 46×38cm

다시 샤프하우젠

- 라인폴(Rheinfall)

6월 18일. 내일이면 여행지의 마지막인 취리히로 가서 프랑크프루트에서 빌렸던 차를 반납하고 뮌헨으로 그리고 인천공항으로 날아갈 것이다. 열아흐레의 독일과 스위스의 자동차 여행을 마감해야 한다. 취리히로 가기 위해 가까운 곳을 찾다 보니 샤프하우젠(Schaffhausen)이 적합한 장소이나 더 작은 마을, 밤 내내 기차가 쉼 없이 울리는 포이어탈렌(Feuerthalen)에서 하룻밤을 또 묵었다. 취리히로 가기에도 가깝고 호주머니 사정과도 아주 잘 맞았다. 물론 마지막 여행지로 잡은 라인폴까지도 멀지 않은 거리였다. 사실상 여행의 마지막 날인데 아침부터 비가 땅을 제법 적셨다.

라인폴, 스위스 중부 지방에서 발원하여 독일과 네덜란드를 가로질러 북해로 유입되는 장강, 라인강(1,390㎞)의 시작이자 이 강의 유일한 폭포이다. 독일과의 경계쯤이다. 도착하니 빗속에 이미 많은 사람들이 폭포 입구인 라우펜성으로 들어가고 있었다. 물보라가 날아오는 것인지 음험한 하늘에서 뿌려지는 빗줄기인지 구분조차 할 수가 없었다. 어렵사리 돌계단으로 내려갔다. 비는 무지개를 빼앗아 가고는 엷은 안개로 사방을 둘러치고 있었다. 물보라가 사정없이 흩날리며 옷을 적시는데 이젠 카페가 된 건너편의 뵈르트성으로 가는 작은 배를 탄 사람들이 그림처럼 보이고 강 가운데 우뚝 선 곳 작은 섬엔 다른 배에서 내린 사람들이 정상으로 오르고 있었다. 라인폴은 브라질과 아르헨티나가 공유한 이과수폭포나 미국과 캐나다가 서로 자랑하는 나이아가라 폭포만큼 거대하지는 않지만 그 굉음은 결코 뒤지지 않을 것 같다. 폭포가 되었다가 힘껏 패대기치듯 바위 위에 떨어지는 소리는 빗소리와 함께 귀를 멀게 했다. 옆 사람의 소리조차 들리지 않고 사정없이 몰아치는 비바람은 카메라조차 들지 못하게 했다. 그저 모든 걸 눈과 가슴에 담아 가라고만 했다.

▼ 라인폴

라인강. 처음 배낭을 메고 유랑객이 되어 왔을 때 독일에서 배를 이용했다. 로렐라이 언덕이며 강변을 따라 아름다이 모여 있는 마을에도 내려 걷기도 했다. 그러나 이렇게 폭포가 되어 비말로 내게 오리라고는 생각하지 못했다. 독일과 스위스의 둘레 길, 외진 곳을 한 바퀴 돌리라 작정한 이번 여행이 준 선물이기도 하다.

강이란 내게 어제와 오늘과 내일의 연결고리 같은 것이다. 아니 보내고 맞는 별리와 만남 같은 것이다. 가슴 서늘한 사랑 같은 것이다. 아버지 어머니를 풍장하고 서럽게 울던 곳도 강가였다. 설움만큼 강은 위로였다. 아픈 몸을 추스르며 독일의 고성에서 어찌 다시 오랴 싶어 '내가 여기 왔노라!'하며 라인강을 내려다보고 소리를 내지른 적이 있었다. 그런데 강산이 두 번 변한 지금, 그 강의 시발점인 스위스의 라인폴에 와서 비바람을 맞으며 회한에 잠긴다. 대지를 삼킬 듯한 소리며 빗속에서 멱을 감는 비말(飛沫)들이 뼈마디마다 작은 속삭임으로 들어와 눕는다.

가슴이 젖어 옴은 아픔을 태워낸 정화이며 희망에 대한 속삭임이다. 그들이 흘러 바다로 가서 또 하나의 생성의 꽃을 피우듯 나 또한 한 줌 얻은 위로의 씨앗을 갖고 돌아가리니, 파고 들어온 속삭임이 커다란 빛이 되어 나오는 날 그들을 맞으리라.

강물이 모두 바다로 흐르는 그 까닭은
언덕에 서서
내가 온종일 울었다는 그 까닭만은 아니다.

▲라인폴

밤새 언덕에 서서
해바라기처럼 그리움에 피던
그 까닭만은 아니다
언덕에 서서
내가 짐승처럼 서러움에 울고 있는 그 까닭은
강물이 모두 바다로만 흐르는 그 까닭만은 아니다
- 천상병, 「강물」

에필로그

동행을 풀다

- 여행을 마치며

이번 여행은 묵상이었다. 내 삶의 텃밭을 묵상하게 했다.
삶의 한 부분이었다. 만만한 삶이 어디 있으랴.
그러나 새로움은 경이였고 나는 내 영혼을 말갛게 씻기고 있었다.
열아흐레 동안 식구들은 안부를 물어오지 않았고 나 또한 아무 것도 전하지 않았다.
여행은 내 영혼의 씻김굿 같은 것이었다.
남은 날들은 그리움을 그리워할 것이다.
그 그리움으로 다시 길 위에 서리라.
그냥 그렇게 홀가분하게.

코트다쥐르, 남프랑스의 옥색 바람

- 남프랑스 일주

까르까손, 콩딸, 아를, 생 레미 드 프로방스, 아비뇽, 레보 드 프로방스

여행이란 바람이다. 사람을 꾀는 바람이다. 일상에 젖어 무거워진 몸을 헹구어 가볍게 발걸음 내딛게 해 주리라 믿게 하는 바람이다. 뿐만 아니라 가슴 저 깊은 구석구석에까지 신선한 언어를 전달하는 마술사이다. 그러기에 여행에서 일상으로 돌아온 지 채

일주일도 되기 전에 꾐에 빠지고 말았다. 바다가 매혹적인 남부 프랑스로 가야겠다는 서두름이 기어이 짐을 싸게 했다.

코트다쥐르는 푸른 해변이라는 뜻이지만 남프랑스 해안, 지중해 연안을 둘러싸고 있는 곳을 가리키는 말이다. 눈 시린 바다, 그 바람, 그 냄새. 향수보다 짙게 배어드는 중독의 푸름이다. 그리고 남프랑스는 고흐가 미친 듯이 화필을 놀리던 곳, 샤갈미술관과 무덤, 세잔의 화실이 그대로 남아 찾는 이들의 감성에 새 물을 부어 주는 곳이다.

파리지엔느처럼 멋스러운 사람들이 모여 있는 게 아니라 이탈리아 사람들처럼 시끄럽고 목젖이 보일 만큼 유쾌하게 웃어젖히는 소박한 사람들. 그들이 바로 남프랑스 사람들이었다. 빠른 속도가 필요 없는 곳, 느긋하게 그 푸름을 즐기리라 생각하며 나선 길이었는데 눈에 담기는 것마다 가슴 뭉클하여 내년에 다시 오리라 마음 다지게 하는 곳이 바로 남프랑스였다.

▼ 자유분방한 남프랑스 사람들

인천국제공항에서 출발하여 파리 샤를드골공항에 도착한 후 국내 비행기로 다시 툴루즈로 가서 하룻밤을 묵고 처음으로 들른 곳이 까르까손(Carcassonne)과 그 안에 자리 잡은 콩딸성(Château Comtal)이었다. 까르까손은 로마의 식민도시이자 종교박해지로 알려졌던 곳이다. 기원전에는 카르카소라고 불렸고 정교한 요새의 옛 모습을 그대로 지니고 있는 중세 성곽도시이며 유네스코에 등재된 문화도시이기도 하다. 1125년 무렵에 성벽 안에 콩딸성이 세워졌고 그 뒤에 탑과 망루 등이 설치된 외부 성벽이 만들어졌으며 19세기 중반에 생나자레 대성당과 성벽을 재건, 복구한 것으로 프랑스에서 가장 크다고 했다. 성당엔 경건하게 기도하는 사람들의 발길이 끊이지 않고 있었다. 콩딸성은 로마 유적지 위에 세워진 자작(子爵)들의 주거지를 12세기에 요새화하였다고 했으니 까르까손이라는 요새 속에 또 하나의 요새가 생긴 셈이었다. 요새답게 좁고 작은 창만 몇 개 있고 단순했으며 거대한 돌다리를 지나 들어가면 회색 벽돌로 촘촘하게 쌓아 만든 원형 탑들을 만날 수 있었다. 그 꼭대기에는 다른 건물에서 볼 수 없는 특이한 삼각뿔의 남색지붕이 빛바랜 모습으로 역사의 증인처럼 솟아 있었다. 거기에서 바라보는 성곽도시는 아름다움이었다. 이 도시를 모나코의 왕비가 된 지성적인 그레이스 켈리가 사랑했다는 것은 그럴 만했다는 생각이 들었다.

▲콩팔성

▲ 경기장

발길을 돌려 아를(Arles)로 이동하는 버스 속에서 생각에 잠겼다. 아를은 원형극장과 관객 2만 5천명을 수용했다는 경기장 등 고대 로마제국의 유적이 이곳저곳에 많이 남아 있지만 무엇보다 불운하게 살다 간 반 고흐가 창작열을 불태웠던 곳이기에 찾을 수밖에 없는 곳이었다.

고흐의 작품이라고 하면 보는 대로 도록을 구할 만큼 마음 끄는 화가이기에 그의 열정이 담긴 아를에 발을 디딘다는 사실부터가 설렘이었다. 극히 짧았던 그의 생애(1853~1890)에서 10여 년 동안 그림을 그렸지만 그는 빛을 보지 못한 화가였다. 37세에 자살로 생을 마감할 때까지 가난과 정신적인 고통으로 점철된 삶을 살다간 화가였다. 그에게는 마지막 2년, 남프랑스의 아를에서 시작하여 다시 옮겨간 파리의 오베르 쉬르 우아즈까지의 시기가 그의 작품 활동의 최절정이었지 싶다. 그런 의미에서 아를에 들르는 것은 빼놓을 수 없는 여정의 순서였다. 인구 5만 명이라는 작은

▲아를의 안뜰

도시 아를에 반 고흐의 흔적을 찾기 위해 오는 관광객이 일 년에 200만이 넘는다고 하니 놀랄 수밖에 없다.

그의 작품 '아를의 안뜰'로 유명한 요양원은 지금은 문화센터로 이용되고 있었는데 옛날에 고흐가 그렸던 그림의 포스터가 안뜰에 붙어 있었다. 오랜 세월이 지났지만 그의 그림과 배경이 된 곳들을 그대로 보존하고 있는 것은 예술을 아끼는 그들의 민족성의 하나가 아닐까 하는 생각조차 들게 했다. 다음으로 들른 곳이 '밤의 카페 테라스'의 배경이 된 카페였는데 많은 사람들이 고흐를 생각하는지 술잔을 기울이고 있었다. 고흐가 마셨던 압생트를 마시고 있는 걸까. 카페 앞에는 그림의 포스터가 귀가 잘린 고흐의 자화상 같이 한쪽 귀퉁이가 찢어진 채 붙어 있었다. 뭉클했다. 카페에서 나와서는 '별이 빛나는 밤에'의 배경이 된 론강가를 그를 그리며 걸었다.

> 나는 지금 아를의 강변에 앉아 있지
> 욱신거리는 오른쪽 귀에서 강물 소리가 들려오네.
> ……
> 나를 꿈꾸게 하는 것은 저 별빛이었을까
> \- 동생 테오에게 보낸 편지에서

그는 바람을 그린 화가였다. 별밤도 바람에 흩날려 강물에 내려온 별의 흔들림이었다. 신들린 듯 바람을 그린 천재 화가. 그에게 붙이고 싶은 또 하나의 이름이었다.

그리고 다시 보게 된 열렸다 닫혔다 하는 도개교인 랑글루아 다리를 그린 '랑글루아 다리와 빨래하는 여인들(Le Pont de Langlois aux lavandiéres)'은 여태와는 달리 밝은 색감으로 아를의 태양이 우울한 고흐에게 얼마나 강렬한 빛으로 왔던가를 짐작하게 했다. 그는 아를에서 15개월 정도밖에 머물지 않았으나 3백여 점의 작품을 남겼으니 아를이 그의 예술혼에 불을 붙여 한층 더 타오르게 했음에 틀림없었다.

▲밤의 카페 테라스
◀별이 빛나는 밤에
▼랑글루아 다리

▲고흐의 침대

▲요양병원

다음 날 찾은 생레미드프로방스(St. Remy de Provence)지방의 생폴드모졸 요양원은 고흐 생애의 마지막 요양병원으로 수도원을 개조하여 만든 곳이었는데 '올리브나무 연작' 등 많은 작품들의 인쇄본이 긴 복도와 정원에 걸려 있고 그가 묵었던 방엔 그림 두 점과 초라한 침대만이 덩그러니 놓여 있을 뿐이었다. 뒤뜰엔 작품의 소재였던 사이프러스 나무와 져 버린 해바라기가 바람에 흔들릴 뿐…. 그러나 사후의 그의 작품가치는 아직도 천정을 모른다.

유서 깊은 도시 아비뇽을 찾았다. 2000년이 넘는 역사이다. 론강 위에 놓인 첫 번째 다리이면서 이제는 끊어져 통행은 할 수 없으나 그 정교한 공법으로 유네스코에 등재된 생베네제 다리가 반겨주었다. 생베네제 다리를 뒤로하고 교황의 궁전이었던 교황청을 찾았다. 유럽에서 가장 큰 고딕스타일의 성이며 역시 유네스코 지정 세계문화유산이다. 십자군 전쟁의 실패로 왕권이 강해지고 교황의 권위가 차츰 하락했던 1309년

▶생베네제 다리

▲아비뇽

▲아비뇽 광장

교황 클레멘스 5세가 바티칸으로 가지 못하고 아비뇽에 머물면서 사용한 곳으로 1376년까지 7명의 교황이 머물렀던 곳이다. 정치와 종교는 독립적으로 존재하지 못하는 것일까. 가슴이 아파왔다. 광장엔 지나간 역사의 아픔과는 아랑곳없이 관광객들이 꼬마열차를 타고 휘파람을 날리고 있었다.

바쁜 걸음 바위산 위에 그림 같은 집들이 성냥곽 같은 레보드프로방스(Les Baux de Provence)로 옮겼다. 프로방스 지방에서 아름다움으로 손꼽히는 중세마을이다. 독특한 분위기의 성채가 눈길을 잡았다. 대형 채석장에서 바위를 화면으로 삼아 펼쳐지는 루미에르 비디오쇼(Carrieres de Lumières)는 한마디로 장관이었다. 천장에서 바닥까지 채석장의 절벽에는 레오날드 다빈치와 라파엘의 그림들이 시간을 돌리듯 화려하게 펼쳐지고 있었다. 남프랑스의 잊지 못할 또 하나의 선물이었다. 아쉬운 마음을 접고 기다리고 있을 프랑스 최대의 항구도시 마르세유를 향해 달리는 버스에 몸을 실었다.

◂비디오쇼

마르세유, 엑상프로방스, 에즈, 모나코

해거름에 도착한 마르세유(Marseille)는 지중해 최대의 항구도시이자 프랑스 제2의 도시답게 한적함보다는 팔팔한 생선을 떠올리게 했다. 그러나 대부분의 사람들에게 물어보면 그다지 좋은 이미지를 갖고 있지는 않았다. 프랑스답지 않은 도시라는 게 대부분의 지적이었다. 이탈리아인이 많은 수를 차지하고 있는 탓인지 무척 시끌벅적하다는 것이 한마디로 항구를 대변하는 말이기도 했다. 마르세유를 배경으로 한 영화 '볼사리노'에서 프랑스의 배우 장폴 벨몽드와 알랭 들롱 두 배우가 열연했던 암흑가의 이야기도 생각났지만 내게 남아 있는 것은 그들의 멋스러움이었다. 그만큼 마르세유라는 항구는 나의 동경이었다. 곰곰 생각해보면 바닷가 마을에서 태어나 갯냄새 속에서 자란 탓인지도 모를 일이었다. 그들의 순박한 표정에도 시간을 잊었고 상큼한 향수 내음을 흩날리며 걷는 여인들의 매혹적인 자태에도 마음을 빼앗겼다.

도착해서 먹게 된 마르세유 대표적인 음식 부야베스는 맛있다는 표현보다 처음이라는 말이 적절할 것 같았다. 뼈가 많은 갓 잡은 생선에 엑스트라 버진 올리브오일, 프로방스 지방의 향신료가 범벅이 된 생선 요리라고 해야 할까. 빠삭하게 구운 빵이며 매콤한 마늘소스가 곁들여져 먹을 만했지만 누구에게나 권할 수는 없을 것 같았다. 마르세유 특유의 맛이었다.

▲이프섬

다음날 마르세유항에 뇌성도 번개도 동반한 비가 내렸다. 일찍 유람선을 타고 알렉상드르 뒤마의 소설, '몬테크리스트 백작'의 배경이 된, 무인도인 이프(Château d'If)섬에 가기 위하여 선착장으로 나갔다. 그러나 파고가 높아 접근할 수가 없다는 전언으로 이프섬 상륙은 포기하고 단지 단테스가 몬테크리스트 백작으로 변신하여 복수극을 펼치는 장면만을 상상할 수밖에 없었다. 그 대신 조그마한 상가들이 관광객을 기다리고 있는 프리울(Frioul)섬으로 갔다. 그런데 거기에는 뜻밖에도 맑은 하늘과 눈 시린 쪽빛 바다가 호수처럼 바위에 싸여 기다리고 있었다. 이 쪽빛물결을 보라고 파도는 그토록 극성스럽게 솟구쳤던 것일까. 발을 담그니 푸른빛이 그대로 옮겨왔다. 프리울섬에서 반갑게 얼굴 내민 태양 아래 가깝게 바라보이는 이프섬을 조망했다.

갈 길이 바쁘기에 항구로 돌아와 수많은 요트가 줄지어 정박해 있는 해안을 거닐었다. 하늘을 향한 돛의 자유로움과 여유로움까지도 요트는 갖고 있었다. 보기 드문 풍광이었다. 저 많은 요트의 주인은 누구일까. 하나를 점찍으며 내 것이라고 자랑했다.

요트와 결별하고 마르세유 랜드마크라는 노트르담성당에 올랐다. 비잔틴 양식의 영향을 강하게 받은 건축물로 프랑스의 다른 지역에서는 보기 드문 이색적인 외관이었다. 뱃사람들이 소망을 비는 곳은 아닐까. 기도를 드리기 위해 서 있는 사람들의 줄이 끝을 찾기 힘들었지만 관광은 두고 나도 기어이 줄을 서서 소망을 빌고 나왔다. 밖으로 나오니 40여 m에 달하는 종루 꼭대기에는 머리에 관을 쓰고 아기 예수를 안은 11m 높이의 황금색 성모마리아상이 내려다보고 있었다. 내부는 황금색 종교화와 채색의 대리석으로 모자이크 되어 있어 벽면의 아름다움만으로도 '항구 마르세유의 심벌'이라는 말에 모자람이 없었다.

▼마르세유 노트르담성당

▲세잔의 아틀리에

점심 식사 후 유명한 엑상프로방스(Aix-en-Provence)로 이동했다. 폴 세잔의 고향, 그의 아틀리에가 기다리고 있었다. 세잔이 마중 나올 것만 같은 두근거림으로 설레었다. 그만큼 집은 정갈하고 살갑게 느껴졌다. 삐걱거리는 대문 소리도 들릴 것 같았다. 관광객들이 많아 들어가는 사람의 수도 한정되어 차례가 올 때까지 기다려야만 했다. 2층으로 안내되어 올라가니 먼저 대작을 그릴 때 사용했음직한 사다리가 세워져 있고, 이젤이며 마음대로 뒹구는

▶미국의 미술애호가들이 엑상프로방스대학에 기증한 세잔 아틀리에

의자 몇 개, 외투, 모자가 주인이 잠깐 외출한 듯 그를 기다리는 우리들에게 '반가워요' 하며 곧 나타날 것만 같았다. 정원은 산책로까지 그의 손길을 느낄 수 있었다. 기념품 가게에서 유명한 그의 사과 그림의 엽서를 사며 혼자 중얼거렸다. 역사에 남아 있는 네 개의 사과에 대해서. 아담의 사과, 뉴턴의 사과, 세잔의 사과, 현대에 와서 '애플' 회사의 사과….

▲로똔느 분수

▲미라보 거리

그리고는 발걸음을 대분수로 옮겼다. 분수의 도시라 할 만큼 분수가 이곳저곳에 있었다. 날씨는 흐리고 스산했지만 네거리의 로똔느 분수 앞에는 인증사진을 남기는 사람들이 떠날 줄 모르고 플라타너스 짙은 그늘로 이어진 쿨 미라보(Cours Mirabeau) 거리엔 춤의 축제가 벌어지고 있었다. 그 속의 한 사람이 되어 함께 흔들고 싶었지

▲2백년 된 카페

만 춤추는 이들이 소년소녀 같아 마음만 함께 했다. 신이 난 김에 아이스크림을 입에 문 채 벼룩시장을 뒤지기도 했다. 문을 연 지 200년이 더 지난 카페에 앉아서 커피를 마시며 반질거리는 그릇 같은 그들의 전통을 생각했다. 물건 하나, 지붕 한 귀퉁이도 살리고 보존하여 이국의 관광객을 불러 모아 자랑스럽게 펼치고 있는 듯했다. 소란스런 그들의 이야기 속에서 남프랑스의 색깔을 생각해보았다. 어우러진 화사함이었다. 분수의 도시 엑상프로방스를 밀치고 다시 니스로 돌아왔다.

다음 날 아침 코트다쥐르 해안도로를 따라 중세에 군사적 목적으로 만든 절벽 위의 요새마을 에즈(Eze)로 이동했다. 절벽 위엔 열대식물의 정원 속에서 숨 쉬고 있는 선인장 꽃들이며 이름을

▼ 에즈마을

알 수 없는 열대식물들이 하늘 높은 줄 모르듯 높이를 자랑하며 지중해를 내려다보고 있었다. 골목엔 호텔의 방들이 단독주택인 양 하나씩의 출입문을 갖고 사열을 기다리듯 서 있었다. 숙박은 꿈도 꾸기 힘들다는 '황금염소'라는 호텔의 라운지에서 비싼 커피를 마시며 열대식물들처럼 지중해를 조망하는 기분도 그리 나쁘지는 않았다. 멀리 바라보이는 수채화 같은 아련한 풍경들, 쪽빛의 물감을 풀어놓은 듯하다. 하룻밤 잔들 무엇 하랴.

커피에 훈향처럼 날아오는 바다 냄새를 담았다. 지중해는 어쩌면 동양적인 매력을 지니고 있는 것은 아닐까. 옥빛의 치맛자락을 여미며 살포시 걸어오는 우리네 아낙의 모습까지도 떠오르게 했다. 군사적 목적으로 만든 요새가 세계 각국의 관광객들의 주머니를 훑어내는 마력을 지니게 되었으니 놀랍기만 하다. 커피로 목을 축이고 모나코를 향해 떠났다.

모나코 왕궁을 들어갈 땐 소지품 검사가 철저했다. 세기의 여배우이자 모나코 왕비였던 그레

▲◀에즈마을 꼭대기 황금염소 라운지

이스 켈리의 사진이 가는 곳마다 반가운 얼굴로 맞이해 주어 가까운 이웃에 들른 듯했다. 그가 결혼식을 올렸던 곳이자 이젠 영원한 안식처로 누워 있는 성 니콜라스성당엔 그곳을 찾아 헌화하는 사람들이 줄을 잇고 있었다. 미모의 왕비는 사진 속에서 그들을 영접하고 보낼 뿐이니 인생의 길은 쥐었던 영욕을 남김없이 버리고 감을 새삼 느끼게 했다. 그래, 살아있는 오늘이 위대하기만 했다.

▲성 니콜라스성당 앞 그레이스켈리 사진

발길을 옮겨 왕궁만큼 화려한 외관을 자랑하는 몬테카를로 카지노에 들렀다. 들어갈 수 있는 영역을 제한하느라 입구를 지키고 선 사람들이 배우 빰치게 미끈했다. 여행객의 허름한 옷이 초라할 만큼 주눅 들게 하고 모나코의 경제를 쥐락펴락하는 장소이기도 해서 그런지 분위기도 삼엄했다. 미술관도 군사시설도 아닌데 카메라를 맡기고 들어가게 했다. 카지노 하는 사람들도 볼 수 있으려니 하던 막연한 기대는 주저앉고 말았다.

모나코의 또 하나의 명물은 엽서였다. 엽서를 사서 편지를 쓰고 1유로의 우표를 붙여 고향으로 보내면 바로 배달된다고 했다. 여행은 나의 영혼의 씻김행사이니 내게 써서 우체통에 넣었다. 모나코에서의 나를 기억하리라.

남겨진 일정이 니스에서 기다리고 있었다.

니스, 생폴 드 방스, 구르동, 칸, 다시 니스로

니스의 아침은 눈부심이었다. 미명인가 했더니 금세 태양이 창을 두드렸다. 생폴 드 방스(St. paul de Vence)로 가기 전 니스의 아침시장을 구경하기로 했다. 니스의 아침시장은 화사한 꽃으로 어우러진다고 하니 볼 만하리라. 그러나 이날 아침은 싱싱하게 물기 머금은 꽃 대신 골동품들의 벼룩시장이었다. 오밀조밀한 생활소품들이며 도서, 그림 등이 그들의 전통만큼이나 결코 싸지 않았다. 예쁜 돋보기안경을 만지작거리다 120유로라는 가격에 손을 놓고 말았다. 발걸음이 잘 떨어지지 않았다. 보기 드물게 예쁜 돋보기가 눈앞에서 어른거리고 있었다.

▾니스의 아침시장

▲생폴 드 방스

버스가 30분쯤 달렸을까, 생폴 드 방스에 도착했다. 아름다운 소로들을 지나 샤갈의 묘에 도착했다. 공동묘지의 한 귀퉁이에 그는 잠깐 쉬었다 일어날 것만 같이 누워 있었다.

'마르크 샤갈(1887~1985)'이라는 묘비명이 아니라 집을 나서는 노인에게 매달아 주는 이름표 같은 것을 그는 가슴에 꽂고 부서지는 태양 아래서 해바라기를 하는 것 같기만 했다. 꽃으로 장식된 그의 묘소엔 사람들이 발목이라도 잡힌 듯 떠나지를 못하고 있었다. 갈 길이 바빠 묘소를 떠나 아기자기한 소로로 들어가니 어디에서나 볼 수 있듯 가게들이 사람들을 기다리고 있었다. 남프랑스의 가게들은

▲구르동

어느 곳이나 쪽빛바다만큼 눈부셨다. 한 번 잡히면 도저히 빠져 나올 수 없을 것 같은 두려움이 소름처럼 돋아 뿌리치고 나왔다.

그리고는 다시 해발 760m 절벽 위의 구르동(Gourdon)으로 이동했다. 남프랑스엔 곱게 단장하고 편안하게 사람들을 맞이하는 절벽 위의 마을들이 많았다. 이러한 곳들도 옛날엔 요새였음을 알 수 있는 흔적들이 튼튼히 쌓아놓은 돌담에 남아 있었다. 구르동에서 지중해를 안고 펼쳐진 코트다쥐르 풍광을 조망하는 것만으로도 가슴은 뚫리는 것 같았다. 에스프레소 한 잔과 후식의 애플파이까지도 맛깔스럽게 입안에 남았다. 지중해를 향해 가장 멋진 자리에 우체국이 있고 내려오면 마을의 우물이며 수제품의 가게들이 장난감처럼 늘어져 있었다. 절벽 위지만 마을 형성을 위한 구색들이

▼구르동의 가게와 레스토랑

골고루 갖추어져 있는 셈이었다.

국제영화제라면 제일 먼저 떠오르는 칸(Cannes)으로 이동했다. 컨벤션센터 앞 레드카펫이 깔린 계단엔 영화의 주인공들처럼 멋들어진 모습으로 앵글에 담기려는 사람들로 북적이고 영화제를 상징하는 종려나무 잎이 새겨진 길바닥엔 배우들의 핸드 프린팅이 줄지어 있었다. 남프랑스에 와서 가장 많은 사람들과 마주치는 듯했다. 칸 인구 7만에 관광객이 40만이라 하니 북적일 만도 하다.

해변에서 가까운 곳은 유명브랜드의 상점들과 으리으리한 호텔들이 점령하고 길은 좁고 일방통행이 많아 10유로의 꼬마열차를 타고 골목을 누볐다. 어디에서나 볼 수 있듯 가게들의 일색이었지만 성당이 있는 작은 공터에서 꼬마열차는 쉬어 가기도 했다. 성당에 잠깐 들러 남프랑스의 옥색바람에 젖게 해 준 건강을 허락해주심에 감사의 기도를 드렸다.

▸ 칸의 이모저모

▲칸 해변

다음은 해변이다. 초가을이었지만 바다엔 계절을 잊은 사람들이 몸매를 자랑하고 있다. 수영을 하고는 바닷물을 털어내며 나오는 사람들을 본다. 저 자유로움과 편안함 여긴 작은 천국이다. 신기하게도 조금 떨어져 있는 니스 해변과는 다르게 고운 모래 입자들이 더 많은 관광객을 불러들이는지도 모를 일이다. 모래 위에 누운 할머니 곁에 꼬리를 흔들고 있는 강아지조차도 자유롭다. 까만 살색의 여인은 검은 피부를 보호하고자 저리 정성들여 선크림을 바르는 것일까. 해변 풍경의 다채로움에 넋을 잃는다. 고급스러움이 넘쳐난다. 칸은 그런 곳이다. 해안도로를 따라 1시간 40분을 소요하여 다시 니스로 돌아왔다.

남프랑스에서의 마지막 날이다. 밤엔 비가 내리고 아침이면 개어버리는 날씨로 거리는 깨끗하여 누군가가 쓸고 지나간 듯하다. 남겨 둔 샤갈미술관(Musee National Marc Chagall)을 찾았다.

샤갈미술관은 러시아에서 태어난 프랑스 화가, 마크 샤갈(1887~1985)이 1966년 성서를 주제로 한 대형 회화 '성서의 메시지' 17점을 프랑스 정부에 기증하자 문화부 장관이었던 앙드레 말로가 미술관 설립을 주도하여 1973년에 건립되었다 한다. 97세로 생을 마감한 마크 샤갈은 80년을 그림에 정진하였으니 다양한 미술 장르에 도전하지 않았을까 싶다. 고향인 러시아에 대한 그리움을 농촌을 소재로 나타내고 있기도 하다. 유화, 판화, 스테인드글라스, 도예, 태피스트리까지 폭넓은 작품들을 선보이고 있었지만 주제나 소재는 동화와 같은 몽환적이며 그리움이 넘치는 세계였다. 그가 풀어놓은 색조는 환상적이라는 말이 부족할 만큼 빨려들게 하므로 그를 색채의 마술사라고 부르는 것 같았다. 소박하면서도 세련된 그의 그림은 향수를 불러일으켜 떠나온 러시아, 전체주의에 핍박 받던 고향에 대한 절절한 그리움의 반영으로 느껴지기도 했다. 그리고 종교미술에 심취했던 것도 빠뜨릴 수 없는 업적이었다. 구약의 이야기들이 은유적이긴 하나 쉽게 다가갈 수 있는 소박한 것들이었다. 기증품을 비롯하여 그 외에 전시된 방대한 작품들로 미술관을 쉽게 나서지 못하게 했다.

▾아브라함과 세 천사

▾샤갈미술관

여행의 시작이었던 곳, 그리고 마지막 발자국을 남길 곳, 니스(Nice)의 중심 거리와 해변으로 다시 돌아왔다. 니스는 지중해 연안에 자리하고 있어 연평균 15°c의 기온을 유지하고 있으니 온난할 뿐만 아니라 풍경이 아름다워 세계의 관광객이 찾아옴은 당연하다. 위락시설이 정비되어 있고 모나코와 칸과도 멀지 않으니 각종 행사도 함께함으로 더욱 붐비는 것 같았다.

특히 3.5㎞에 걸쳐 화려하게 이어진 해변의 푸롬나드 데 장글레(Promenade des Anglais: '영국인의 산책로'라는 뜻)는 니스를 격조 높은 휴양도시로 만들어 준 장소이기도 했다. 섬나라 영국인들이 따뜻한 이곳으로 와서 검은 자갈돌길인 해변 위로 매끈한 산책로를 만들어 이름을 붙였다고 했다. 길엔 야자수와 아름다운 건물들이 줄지어 서서 이국적인 정취를 뿜어내고….

칸과는 그리 멀리 떨어져 있지도 않고 연이어져 있다 해도 과언이 아닌데 해변은 모래가 아니라 자갈이라는 것이 신기했다. 검은 자갈이다. 영국인들은 신사답게 반질거리는 길을 원했겠지만 어디서나 조약돌이 자글거리는 소리를 들을 수 있음은 니스의 자랑이다. 맨발로 걸어보니 발에 와서 감칠맛이 보통이 아니다. 발바닥은 아프지 않고 간지럽기만 하다. 파도가 밀려올 때마다 물을 품었다가 삐죽이며 내는 소리조차 정겹다. 돌 속으로 파고 들어가는 파도의 숨죽인 소리가 들리기도 한다.

▲ 니스해변

내 귀는 소라 껍질 바다의 소리를 그리워한다

- 장콕토

나도 모르게 시를 외고 있었다. 검은 돌 사이에 들어와 속삭이는 바닷소리를 외면할 수가 없었다. 니스의 해변이라 하면 멋진 영국인의 산책로보다 검은 돌 사이에서 들려오던 바닷소리를 잊지 못할 것 같았다.

남프랑스는 옥색의 바람이었다. 높은 요새에서 부는 바람이거나

▲샤갈의 무덤

바다에서 갯냄새를 싣고 오는 바람이거나 모두가 질퍽거리는 푸름이었다. 고흐를 만났고 샤갈을 음미했던 곳. 세계연예인이 다 모여드는 칸의 화려함, 낭만의 모나코, 프로방스의 질긴 햇살, 라임 같은 새콤함, 이 모두가 남프랑스가 내게 준 선물이었다. 또한 이런 자연의 선물이 예술을 낳고 그리고 그것을 보존하려는 노력이 그들로 하여금 문화민족으로서의 긍지를 깊이 심어 두고 세계인을 불러들이고 있었다.

▼니스 구항구

들꽃 같은 코카서스 3국

- 자연이 자연 속에서 자연을 쓰다듬는 곳

▲아테쉬카 사원

아제르바이잔

바쿠, 고부스탄

여름이 익을 대로 익어 가고 있었다. 느지막한 저녁, 자정을 넘어 카타르의 도하 공항으로, 도하에서 다시 아제르바이잔의 수도 바쿠의 헤이다르알리예프(Heydar Allyev) 국제공항으로 바쁘고도 긴 시간은 흘러갔다. 시차는 다섯 시간. 우리나라보다 다섯 시간이 늦은 셈이다. 도착했을 때 햇살은 이미 35도를 웃도는 오전의 반을 갈랐다. 바쿠는 도시 전체가 유네스코 세계문화유산에 등재된 곳이다. 여정의 시작은 아제르바이잔의 바쿠로부터 시작했다.

아제르바이잔. 불의 나라. 곳곳이 기름밭이며 시추를 위한 시설들이 눈길을 끈다. 또한 산유국이다. 그 이름에 어울리는 불의 사원 아테쉬카(Atashgah) 사원으로 발길을 옮겼다. 불의 저장소이자 불을 숭배하여 배화교라 불리는 조르아스터교(Zoroastrianism)의 유적이 그대로 남아 있는 곳이다. 가슴에 응어리가 차 있는 사람처럼 지금도 불은 가쁜 숨을 쉬며 타오르고 있었다. 불을 훔쳐 인간에게 주었다는 그리스 신화의 프로메테우스가 생각나기도 했다.

뿐만 아니라 수도 바쿠는 문화재의 보고다. 도시로 들어서니 '바람의 도시'라는 뜻이 말해주듯 바람이 모자를 낚아챈다. 바람 속에 특이한 설계의 건축물이 눈에 들어왔으니 이라크의 유명한 여성 건축가 자하 하디드의 작품인 헤이다르 알리예프문화센터다. 현 대통령의 아버지이자 전 대통령의 이름을 딴 알리예프기념관은 내부를 보지 않아도 그 모양만으로도 관광객을 만족시키기에 충분하다. 더구나 그녀는 우리나라 동대문 소재 DDP를 설계했으니 더 큰 감회였다. 그런 그녀도 2016년 3월 31일 이 세상을 하직했으니…. 그러나 그녀의 작품들은 세계 곳곳에서 사람들의 감탄을 자아내고 있다.

다시 걸음을 옮겨 만나게 된 구시가지 올드시티는 미로 같은 좁은 골목에 옛 건축물이 즐비했고 유명한 메이든

▾알리예프 문화센터

▸올드시티 골목

▲메이든타워

▼현대적인 조형물

타워(Maiden Tower)에서는 왕의 딸이 타워에서 떨어져 죽었다는 작은 전설까지도 바람 타듯 들려왔다. 사랑의 상실이 가져다 준 죽음이리라. 아래의 3층은 기원 전 6, 7세기에 지어져 천체관측소이거나 조르아스터교의 예배소였으리라 추측될 뿐이란다. 이 타워는 '소녀의 탑'이라는 이름까지 얻어 유네스코에 등재되어 있고 그 주변엔 대상들이 머물던 카라반 사라이와 임금이 들르던 칸 사라이의 유적이 그 형체를 대부분 그대로 간직하고 관광객을 반기고 있다. 바쁜 걸음 서두르게 한다.

바쿠의 고성이다. 바쿠성 안에 있는 쉬르반샤 궁전은 아제르바이잔 건축의 진주라는 말을 증명하듯 세분화된 장소며 정교한 조각, 오랜 세월에도 빛을 발하는 웅장함이 돋보였다. 주거 지역, 다반하네(회의 장소), 쉬르반왕들의 무덤, 목욕탕, 기도실 모두를 갖추었다. 어느 모로 보나 손색이 없고 정교한 형태 그대로 보존되어 옛날을 더듬을 수 있어 메이든타워와 함께 2000년에 유네스코 문화재에 등재되었다. 바쿠성의 바일 요새 전시실엔 카스피해 중심에 있는 바일성(Bayil Castle)에서 나온 출토물들을 전시해 두고 있었다. 바다 가운데 섬이 아닌 성이 있었음도 놀라운 일이지만 거기서 나온 출토물을 그대로 전시해 둔 것은 그들의 역사의식에서 기인한 것이라 보고 싶었다. 전시실을 나오니 밖엔 궁중의 점성술사였던 바쿠비의 묘당도 그대로 남아 있고 일곱의 숫자를 표시한 현대적인 조형물도 공원에 세워 두어 과거와 현재의 공존으로 어우러진 새로운 면모를 보여 주는 것 같았다.

▼바쿠성 내부

오후엔 바쿠에서 카스피해가 가까이 보이는 고부스탄으로 갔다. 그들의 생활과 기르던 짐승들, 수렵의 모양, 유목민들의 생활이 사진으로 전시되어 있었고 그것을 확인하듯 우린 산으로 올라갔다. 암각화였다. 암각화는 차오른 물결에 그 형체를 잃고 있었으나 자세히 보면 그들의 생활을 아주 세밀하고 꼼꼼하게 새겨 두었음을 알 수 있었다. 해석할 수 없는 글자들도 아라비안나이트처럼 눈앞을 가렸다. 물에 차 있었던 바위임을 증명하듯 바위를 두들기면 아주 가벼운 소리가 났다. 유적으로서의 가치가 충분하다 하여 2007년 유네스코에 등재되었단다. 돌아서며 중얼거렸다.

마음 비운 돌, 두들기면 빈 소리
바위산
보물 하나 품었네
암각화라네
카스피해는 언어를 잊고
마실 오듯 흘러온 물
넌출대던 시간들이
새겨진 글자 위에 물무늬로 남았네.

저녁, 어둠을 맞기 시작하는 바쿠는 색다른 모습으로 유혹하고 있었다.

◀바쿠성의 밤

QOBUSTAN
1950

▼ ▲ 고부스탄의 암각화

Qobustan Milli
Tarix-Bədii Qoruğu
QOBUSTAN
MUZEYİ
İLHAM ƏLİYEVİN

쉐키

바쿠의 아침 식사는 집밥 같은 깔끔함이었다. 그리고는 바로 실크로드 교역의 중심지 쉐키까지 4시간 50분 소요의 거리를 버스는 따가운 햇살 속을 달려 주었다.

대상들이 다니던 길. 카스피해를 따라 걸을 수 있도록 7㎞쯤 공원이 조성되어 많은 사람들이 바람 속에서 더위를 날리고 있었다. 가는 길은 들꽃들의 향연이 끝난 침묵이었다. 단지 바람이 마른 들꽃의 우듬지를 스치고 지나갔다. 들풀냄새가 아직은 여름인 가운데를 비집고 지나가고 멀리 소금호수가 보였다. 그리고 유전에서 가스가 새어나와 1500년 동안 타오르는 불꽃을 볼 수 있으니 얕은 곳에 가스가 있음을 넉넉히 짐작할 수 있었다.

쉐키로 가는 길은 뽕나무들이 가로수로 도열하고 그늘을 내려놓았다. 아제르바이잔의 옛 수도였던 쉐키, 12세기에 대지진으로 수도를 바쿠로 옮길 때까지 문화와 역사의 중요한 역할을 한 도시이기도 하단다. 지진 이후 쓸쓸히 남아 있는 왕가의 무덤인 돔형의 예띠 굼바즈가 회색으로 눈 안에 들어왔다. 마을 초입에는

▾ 예띠 굼바즈

▲디리바바의 무덤

공동묘지의 비석들이 하늘거리는 잎새처럼 서 있었다. 행운인 것은 15세기 이슬람의 전설적인 성자 디리바바의 무덤에 들른 것이었다. 하늘과 가깝기를 원했을까. 높고 험한 산 중턱에 무덤은 있었다.

쉐키(Seki)는 우리나라의 경주와 같다고 할까. 코카서스 산맥의 산자락에 자리한 장수촌이란다. 그만큼 바람 한 점까지도 맑은 투명한 도시였다.

▼칸 사라이 궁전의 나무

▲칸 사라이 문의 문양

또한 실크로드 무역으로 번성한 도시로 중국에서 중앙아시아와 이란을 거쳐 반드시 쉐키를 들러야 했다고 한다. 그런 이유로 쉐키에는 임금이 머물렀던 칸 사라이와 대상들이 쉬었다 간 카라반 사라이가 옛 모습대로 남아 있었다.

칸 사라이(Xan Sarai) 궁전은 칸의 여름 궁전으로 1797년에 완공되어 성벽으로 둘러싸여 있었다. 궁전 내외 어디서나 코카서스 산맥과 마을이 보이도록 설계된 점도 특이했다. 전망은 좋으나 난방에는 신경을 쓰지 않아 여름 궁전으로만 사용되었고 프레스코화와 스테인드글라스로 장식된 목조건물이 고전적이었다. 안료는 천연

▼목조건물 프레스코화

안료라 변함도 없단다. 유구한 세월에도 변함없이 남기고자 한 그들의 정성과 안목이 두드러져 보였다. 색감은 화려하고 강한 페르시아풍이었으며 곁에 있는 카라반 사라이는 실크로드 대상들이 묵던 가장 큰 숙소로 지금은 호텔로 개조되어 여행객들을 맞이하고 있었다.

옛 것을 고스란히 보존하고 산유국이라는 커다란 무기에 힘입어 두바이에 필적하는 힘 있고 신선한 분위기로 거듭 나는 아제르바이잔을 느낄 수 있었다.

▼카라반 사라이

조지아

- 천연의 광천수 출렁이는 곳

여행은 비움이다. 새로운 개안이다. 비우고 새로운 인식을 얻는 순간이다. 들풀이 피었다 말라가며 회색의 내음을 흩뜨리는 곳. 다른 나라에서 벌어오는 것 없어 가난한 것 같으나 먹을 것 흐드러져 손님을 대접하고픈 마음을 간직하고 있으리라 생각되는 곳. 정겨운 눈짓과 피어나는 웃음. 풀꽃의 우듬지에도 인정이 담겨 있어 몇 천 년의 인연을 이어온 것 같은 나라. 코카서스 삼국 중 두 번째 나라 조지아로 들어선다. 와인이 음료수처럼 흔한 곳에서 새로운 눈뜸을 익힐 것이다.

시그나기

다시 밝아온 아침. 국경을 넘기 위해 라고데키 국경으로 이동했다. 2시간 30분. 볕살은 머리 위에서 사정없이 춤을 추고 국경을 통과할

▲시그나기 와이너리(전통적인 방식)

때엔 경사진 곳이라 짐을 끌고 가기가 버거웠다. 더위는 이런 것인가. 추위를 이기지 못하는 내가 오랜만에 겪은 볕살의 위력이었다.

버스도 가이드도 바뀌었다. 새로운 시간이 또 시작되겠지. 해발 800m 절벽 위에 세워진 중세도시 시그나기로 이동했다. 한 시간을 창밖을 보며 다시 시작하는 조지아의 풍광에 잠겼다. 코카서스는 고도가 높아 태양이 거침없이 내리쬐고 건조해 그 결과 포도는 수분이 적고 당도는 높기에 최고의 와인을 만들기에 가장 적합한 곳이다. 먼저 조지아의 최고 와인으로 손꼽히는 시그나기 와이너리(winery) 투어를 하게 되었다. 전통적인 방식으로 거기에 쓰이는 도구며 항아리에 저장하여 숙성시키는 방법이 있는가 하면 오크통에서 숙성시키는 두 가지 방법을 모두 체험하게 되었다. 미국이나 스페인, 프랑스 와인에 비해 신맛이 강하고 텁텁하며 진하다는 특징을 갖고 있었다. 조지아의 맛이었다. 와이너리에서의 식사는 은은한 와인의 향내 속에서 깔끔하게 이루어졌다.

다음으로 이루어진 성루에서 조망한 코카서스의 경치는 가슴까지 시원하게 했다. 광활한 경치를 보며 떠오른 것은 터키인으로 조지아 선교에 나섰던 니노 성녀였다. 성녀는 왕비 나나의 병도 사냥 중에 다친 왕의 상처도 기도로 치유해 주었기에 그 고마움

▲성루에서 조망한 코카서스의 경치

과 신심을 기리기 위해 AD 327년에 조지아의 마리안 3세는 기독교를 국교로 정했다. 그리고 성녀 니노가 죽은 후에는 성녀가 묻힌 자리에 보드베(Bodbe Church)라는 작은 교회를 세웠는데 이 교회는 병원으로 사용되기도 했다. 어느 곳을 가나 교회가 많은 것은 유목민이기에 절대자에 대한 기도가 더 필요하지 않았나 싶다. 시그나기를 떠나 수도인 트빌리시로 이동하여 아스토리아 호텔에서 유목민이 된 마음으로 경건하게 하루를 접었다. 포도주의 향내가 바람에 스며들어온 기분 좋은 밤이었다.

◀보드베 교회

▲아나누리 성채

아나누리, 구다우리

에메랄드빛 진발리 호수가 있는 아나누리로 이동하니 어느덧 네 시간이 흘렀다. 진발리 호수가 내려다보이는 곳에 위치한 아나누리 성채는 13세기에 이 지방을 통치한 아라그비 백작의 가문이 살던 곳이지만 샨스세 가문과의 다툼으로 빼앗긴 처절한 역사가 서려 있는 곳이기도 했다. 건물구조는 두 개의 성과 하나의 교회가 서로 연결되어 있으며 건물 전체를 성벽이 에워싸고 있어 방어를 염두에 둔 요새라 할 수 있었다. 또한 수력발전소를 만들면서 생긴 진발리 인공호수에는 만년설이 녹아 들어가 더없이 맑고 푸르렀다. 바쁜 일정이라 눈에 담기만 하고 서둘러 기다리던 코카사스의 알프스라는 구다우리로 이동했다.

▶ 진발리 호수

▲아나누리 성채

▲게르게티 성삼위일체 대성당

구다우리라고 하면 유네스코 세계문화유산으로 등재된 카즈베기의 게르게티 성삼위일체 대성당(Gergeti Trinity Church)의 관광이 으뜸이다. 게르게티 츠민다 사메바라고도 한다. 가는 길이 만만치 않음을 어찌 설명할까. 어느 지점까지 버스로 가서는 일본의 미쓰비시에서 제조한 델리카(Delica)라는 사륜구동 사파리 차량으로 이동했다. 상하로 좌우로 흔들며 2,070m 산을 오르기를 50여 분. 기적 같은 시간이었다. 내리자 무엇보다 무사함에 다 같이 카메라 앞에서 포즈를 취했다. 14세기에 누가 지었는지 모르지만 높고 험악하다 보니 전란이 있을 때마다 종교적 보물들을 숨겨 놓기도 했단다. 아름다운 이름이여. 그 험한 길 무사히 지나 순례할 수 있는 은총이여.

▼성삼위일체 성당 도착 기념

▲구다우리 산장
▲즈바리성당
▲즈바리성당에서 내려다 본 강줄기

무츠헤타, 트빌리시

구다우리 산장에서 잠을 깨었다. 아침이다. 식사 때 내려가면 몇 호실에서 내려왔느냐 묻기도 했지만 여기에서는 그럴 필요 없다. 묻지를 않는다. 이 산장에 이른 아침에 누가 아침 먹겠다고 오겠는가. 온들 어떠랴. 한 끼 밥 먹여 보내리. 시든 들꽃의 흐드러짐 위에 내려앉은 볕살 고운 조지아의 아침이다.

도시 전체가 유네스코 세계문화유산인 무츠헤타로 한 시간은 달려야 한다. 예수님의 옷자락이 묻혀 있다고 전해지는 스베티츠 호벨리 대성당으로 가기 위함이다. 그러나 가는 길에 아름다운 즈바리(Jvari)성당에 들렀다. 성녀 니노가 십자가를 가져와 기도 후에 그 자리에 지은 성당으로 조지아에서 가장 큰 십자가로 인해 순례객의 발길이 끊이지 않고 이름조차도 '십자가성당'이다. 거기서 바라보는 강줄기며 도시의 전경에 더위를 잊었다.

▲스베티츠 호벨리성당

다시 발길을 돌린다. 스베티츠 호벨리성당은 트빌리시의 사메바 대성당 다음으로 조지아에서 두 번째 큰 성당이지만 현대에 지어진 사메바 대성당보다 깊은 역사를 지니고 있어 가장 최고의 성당으로 인정받고 있다. 성당 부근은 길게 오밀조밀한 상점들로 순례객을 사로잡고 있었다.

무스헤나에서 다시 트빌리시로 두 시간을 달렸다. 수도인 만큼 가고자 하는 사메바성당이 아니어도 둘러볼 곳이 기다리고 있는 셈이었다. 사메바성당으로 가는 길에 보게 된 직물, 가죽제품, 신

▲사메바성당

발류, 가구, 맥주, 포도, 알코올음료 및 다양한 식품들의 가게며 1966년에 개통된 지하철조차도 처음 찾아온 객들에겐 신선함으로 왔다. 두 시간을 달리면서 그 기세를 누그러뜨리지 않는 불볕도 거절하고 싶지 않은 것은 정복당하지 않는 조지아의 자연을 볼 수 있기 때문이었다.

드디어 사메바 대성당. 조지아의 랜드마크이자 조지아 정교회 1500주년 기념으로 세운 성당으로 조지아 정교회의 총본산이기도 하다. 2004년에 신축했으니 깨끗한 현대식 건물이다. 내부는 이콘으로 장식되어 있었는데 주로 니콜라스, 니노, 예수, 예수의 12제자로 되어 있었다. 자비의 상징인 니콜라스는 삼위일체 학설에도 기여했다고 한다. 또한 니에바라는 기둥이 있었는데 세례 받은 사람만 그 기둥의 안쪽에서 기도할 수 있다고 했다. 1만 5천명을 수용할 수 있는 광장이며 학교 기숙사 풀장까지도 갖추었으니 부족함이 없어 보였다.

트빌리시의 시가지 관광에 나섰다. 우선 곳곳에 온천 표지가 보였다. 트빌리라는 말 자체가 따뜻하다는 뜻이라고 하니 그럴싸했다. 케이블카로 나리칼리 요새로 오르고는 내려올 때는 골목을 누볐다. 니노의 십자가가 보관되어 있다는 조지아 정교회와 유대교의 회당인 시나고그가 그 골목에 있었다.

▸ 트빌리시

그러나 무엇보다 이 지방의 얽힌 이야기에 귀가 열렸다. 화가 니코 피로스마니(NikoPirosmani 1862~1918)와 프랑스 여배우 마르가리타와 이루어지지 못한 사랑 이야기였다. 그 이야기는 러시아 시인에 의해 시가 되었고 라트비아의 전통 선율에 실려 러시아 여가수 알라 푸가체바가 노래했으니 우리나라 가수들도 번안하여 부르는 '백만 송이의 장미'가 바로 그 노래다. 트빌리시는 그러한 곳이다. 낭만이 있고 눈물이 있고 그들의 종교가 있는 곳이다. 므트크바리(Mtskvari)강 위에 현대식으로 만들어진 평화의 다리를 건너 멀리 오페라하우스와 아트 숍을 눈으로 훑으며 멍한 가슴을 잠재웠다. 그렇게 사랑과 종교에 묻힌 하루가 저물었다.

▶ 오페라하우스와 아트 숍

▼ 므트크바리강

아르메니아

- 90% 이상의 산악을 가꾸며 사는

알라베르디, 세반

트빌리시에서 아르메니아 국경인 사다클로까지 1시간 30분이 소요되었다. 다시 새로운 나라에 입국하게 된다. 비자 10$을 지불했다. 국경통과 후 구리광산 지구인 아름다운 알라베르디로 이동해서 아흐파트 수도원에 들르게 되었다. 세속과의 별리, '신에 좀더 가까이'를 내세운 것일까. 높이 자리하고 있다. 무덤과 카치카르(돌 십자가)가 많았고 건축양식은 아르메니아의 토속적인 건축양식에 비잔틴 양식이 합쳐진 아름다운 모양이었다. 내부의 건축 양식은 아르메니아 전통가옥의 시초인 4개의 기둥과 환기구, 아치,

▼아흐파트 수도원

▲가비트 양식

물받이의 구조로 짓는 가비트 양식으로 되어 있었다. 교회 주변에 아르메니아에서 가장 큰 가비트가 있었다.

이 날의 점심은 잊혀지지 않는다. 건장한 아저씨 두 사람이 플루트로 들려주던 '사의 찬미', '백만 송이 장미' 등은 아직도 귀에 쟁쟁하다. 식사 후에 아르메니아에서 최대이자 코카서스에서 최대의 호수인 세반호수로 이동했다. 인공호수가 아닌 자연호수로 각 지역의 식수처가 된다고 한다. 과거엔 호수 안 섬에 있던 수도원이 차츰 수위가 낮아져 이젠 육지와 이어진 곳에 세반수도원이 있다.

차는 달리고 가이드는 가을 노래를 묶어 들려주고 있다. 노래가 흐른다. 시간도 같이 흐르고 말라가는 들풀의 흩뿌리는 내음에 가을이 무릎걸음으로 오고 있음을 느낀다. 말라버린 들꽃 위에 바람이 머물다 간다.

푸른 호수다. 바다가 없는 아르메니아에 바다 구실을 하는 호수다. 가슴이 열렸다. 그리고 아르메니아의 수도 예레반으로 발길을 돌렸다. 수난의 도시다. 들어서면서 가슴이 아파왔다. 여러 나라

▲ 세반호수와 세반수도원

의 침입과 지배를 받았고 1582년에는 투르크로, 1604년에는 페르시아로, 그리고 1827년에는 러시아로 넘어갔으며, 1920년 아르메니아의 수도가 되었다.

'아픔은 우리만이 아니었구나'라는 생각을 코카서스 3국을 다니며 여러 번 느끼기도 했다. 내일을 기다리며 바람에 젖은 몸 호텔에 부렸다.

▼ 세반수도원

▲코비랍수도원

예레반, 아라라트, 에치미아진, 아르마비르

예레반의 아침이다. 이미 마지막 기승을 부리는 여름은 창밖에서 서성이고 있었다. 예레반에서 3시간 정도 달려 코비랍 수도원에 도착했다. 얼마 전 프란치스코 교황님도 들렀다고 한다. 코비랍이란 '깊은 지하구덩이'라는 뜻이란다. 옛날 성 그레고리가 당시 아르메니아의 왕인 티리다테스 3세에 의해 13년 간 이교도라는 이유로 지하 감옥에 감금되었다. 스물일곱 개의 곡예 같은 철제계단을 내려가면 사형선고를 받은 사람들의 감옥으로 사용된 굴이 그대로 남아 있고 감금되었던 그레고리 성인은 어떤 여인이 헌신적으로 음식바구니를 날라주어 생명을 이을 수 있었다고 한다. 기적적인 사건으로 왕이 개종을 하게 되었고 아르메니아는 세계 최초로 기독교를 국교로 공인한 나라가 되었다. 301년의 일이니 로마에서 기독교가 공인된 콘스탄티누스 1세의 밀라노 칙령 313년

◀스물일곱의 철제 계단

보다 앞서고 있다. 그리고 코비랍 수도원은 총대주교좌를 계승한 네르세스 3세에 의해 642년에 지어졌으며 지금의 건물은 1662년에 지어졌다. 수도원과 교회에 그리스도교 관례를 도입함으로써 국가와 종교 사이에 분열이 종식되었다.

다음은 노아의 방주의 화석이 그대로 남아 있다는 아라라트산(Mount Ararat). 아라라트라는 말이 눈 덮인 산이란다. 이 산은 아르메니아 사람들의 신앙과 같은 산이다. 그들 종교의 명맥을 이어

▼아라라트산

▲아라라트산 박물관(와인)

나가게 한 순백의 만년설이 오늘의 선물이다 5천미터보다 높다고 하니 그 위용에 말조차 잊게 한다. 그러나 지금은 터키 땅으로 되어 있으니 가슴 아픈 일이다. 아라라트산을 가슴에 안고 공화국 광장을 지나 아르메니아의 대표적인 아라라트산 박물관에서 와인과 코냑을 시음했다. 주저리주저리 열린 포도를 오랜 기간 숙성시켜 와인과 코냑으로 내놓았다. 여러 나라의 대통령과 왕들이 방문한 기록들이 줄줄이 남아 있었다.

와인에 젖은 채 아르메니아 그레고리 정교회의 본산이며 세계 최초의 성당인 에치미아진 대성당으로 발길을 옮겼다. 에치미아진이란 예수가 하늘에서 내려온 곳이란 뜻이란다. 수도원은 여러 채의 건물로 이루어져 있으며 마더성당, 대학과 신학교, 대주교관, 세례당, 대천사교회, 도서관, 박물관 등으로 이루어져 있었다.

박물관엔 매달린 예수님의 죽음을 확인하기 위해 잔인하게 옆구리를 찔렀던 창이 보관되어 있고 노아의 방주의 배 조각을 맞추어 만들어 둔 십자가도 빛나고 있었다.

◀예수님을 찌른 창
◀노아 방주의 배 조각으로 만든 십자가

또한 이 보관실에서 성 그레고리우스의 성해 가운데 손 부분도 볼 수 있었다. 연꽃 문양과 아치문양의 이슬람을 상징하는 조각이 공존해 다른 종교와의 화합을 뜻하기도 했다. 들어가는 입구의 조형물이 교황 요한 바오로 2세의 방문을 기념하여 세운 것임을 볼 때 로마 가톨릭도 동방정교회의 간섭도 받지 않은 그들이 분명 화합을 원하고 있다는 점에서 인상적이었다. 기념품가게에서 성가집의 CD를 샀다.

▼에치미아진 대성당

어스름이 내려오고 있었다. 마지막 여정은 2000년에 세계문화유산에 등재된 즈바노츠수도원이었다. 예레반과 에치미아진과의 중간 지점 아르마비르 지방에 위치한 유적지이며 AD 641~653에 네르세스가 그레고리를 기리기 위해 그리스 신전 식으로 건립한 곳이다. 돌을 깎고 새겨진 문양들이 정교하기 짝이 없었다. 그날 거기에 덤이 있었으니 세 명의 성악가의 노래를 들을 수 있었다. 듣는 이들에겐 즐거움이며 그들은 보람을 가질 수 있는 시간이니 얼마나 귀한 일인가. 소리의 울림이 길게 내려앉은 해거름에 한 폭의 그림이었다.

◀ ▼ 즈바노츠수도원의 유적지에서 성가를 부르는 성악가들

▲ 게하르트수도원

가르니 계곡

나선 길, 아침엔 가을의 기류가 잠깐 흐르다 다시 기온을 높인다. 게하르트(Geghard)수도원으로 가기 위해 버스에 오른다. 게하르트수도원은 주상절리로 이름난 가르니 계곡에 세워진 것으로 시작은 4세기에 성 그레고리가 성스러운 샘 주변에 동굴을 파고 수도원을 손수 세우기 시작하여 이름을 '동굴수도원'이라 했다고 한다. 사원과 수도원, 왕들의 묘실, 그레고리 예배당 등으로 구성되어 있었다. 게하르트는 '창의 수도원(Geghardavank)'이라는 말에서 유래된 말인데 창이란 십자가에 매달린 예수를 찌른 로마군의 창을 말한다. 그 창은 지금은 타대우스에 의해 에치미아진교회로 옮겨져 있다. 현재 남아 있는 수도원은 1215년에 만들어진 것이란다. 지금도 샘물이 졸졸거리고 이르게 아침 예배를 드리고 있는 수사님의 모습이 그렇게 경건할 수가 없었다.

▶ 수도원 샘물

라마준이라는 터키식의 피자로 점심을 해결하고 아르메니아 국경인 사다클로로 이동했다. 3시간 30여분. 국경을 넘어 조지아의 수도 트빌리시로 새로운 여정의 문을 열기까지 다시 한 시간 반. 한가롭게 하품하는 소떼들이랑 양들을 보며 그 여유로움이 부럽기도 했다. 가도가도 끝없는 풀밭. 그 푸름이 계절을 넘기며 말라가고 있었다. 해가 지고 있었다. 공방이 있는 옛마을을 지나, 종일 달려온 여행객을 반겨줄 아스토리아 트빌리시 호텔로 갔다.

아할치헤, 바르드지아

아할치헤로 이동하여 터키인들에 의해 세워진 라바티성(Rabati Castle)을 찾았다. 터키 침략에 대비해서 와르지아 동굴도시를 지어 처음엔 승리했다가 패하게 되자 이때 터키인에 의해 지어진 이슬람 사원이다. 조지아에서는 보기 드문 새 건물이었다. 조지아 정교회 속에 이슬람 사원이라는 점이 어쩌면 아이러니하다.

▾ 라바티성

동굴도시 바르드지아

발길을 돌렸다. 기기묘묘한 동굴도시 바르드지아에 도착했다. 위로 쳐다보니 복잡하고 숭숭 뚫린 구멍들이 바로 벌집 그대로다. 산허리를 파내어 큰 구멍을 만들어 이루어진 도시가 무크바리 강변이 내려다보이는 곳에 웅장하게 솟아 있다. 우선 어느 지점까지는 마유로카(승합차)로 올랐다. 수천 개의 방은 5만 명을 수용할 수 있으니

▾수사님이 살고 있는 동굴 ▾옛 약국 터

연회장, 마굿간, 도서관, 빵집, 목욕탕, 교회가 있다. 교회에 남아 있는 프레스코화는 선연하다. 무슬림 투르크의 침입에 대비한 조지아 기독교 왕인 기오르기 3세가 군사 요새로 삼고자 했으나 그 뒤에 딸 타마르가 수도원으로 만들었다고 한다. 지금도 일부분에 수사님들이 생활하고 계신다. 숭숭 뚫린 돌은 풍화, 침식, 화산 작용 등에 의해 부스러진 암석이 모여 굳어진 퇴적암이라고 한다. 볼수록 기이한 돌들로 만들어진 한 도시를 뒤로하고 내려와서 조지아의 최고의 휴양지로 꼽히는 보르조미로 달렸다.

다시 조지아로

보르조미국립공원은 바람의 깊이가 다르고 소리가 달랐다. 천연 광천수는 수출을 한다고 한다. 맛은 사람마다 다르겠지만 적응하려면 꽤 오래 걸리겠다 싶었다. 입구에 보르조미 광천수 샘인 에카테리나 샘이 있고 조금 더 걸어가면 어린이 놀이시설이 아이들을 유혹할 만하다. 바로 그 앞에는 그리스신화의 프로메테우스 상 옆으로 폭포가 내리고 있었다. 걸어가는 길에 계곡이 줄곧 따라오고 있었다. 마지막 길은 온천과 이어지는 데 황제의 유황온천이라는 팻말을 뒤로하고 원시림을 빠져나왔다.

▲광천수 에카테리나 샘
◀프로메테우스 상

▶ 스탈린박물관

바쁜 일정이다. 돌아가야 하는 날이 벌써 돌아왔기 때문이다. 멀지 않은 스탈린의 고향으로 유명해진 고리로 이동했다. 스탈린의 일생, 그가 타던 스탈린 열차, 일생이 사진으로 남겨진 스탈린 박물관에서 사라진 인물의 생생한 면모를 더듬었다. 그러나 영욕의 세월을 어쩌랴. 스탈린의 동상 하나 성하게 세워져 있는 곳이 없단다. 고향에서도 마찬가지이니 산다는 게 타인과 더불어 착하게 삶이 정답이라는 생각이 들었다.

마지막으로 들른 곳이 뜨거운 햇살 아래 걷기조차 힘든 '왕들의 기념관(Kings memorial hall)이었다. 성경의 이야기였다. 그리스 건축양식의 하나인 이오니아양식으로 네 개의 기둥의 우람함을 자랑하고 있었다. 빼곡히 돌아가며 새겨진 조각상은 모두 해석하고 기억

▼왕들의 기념관

▲조각상

해 내기엔 그 규모가 엄청나고 시간이 부족했다. 마음 접기엔 너무나 아쉬웠지만 다시 훗날을 기약할 수밖에 없었다. 그걸 이해하고 얘기해 줄 수 있는 가이드가 없음도 유감이었다.

화장실이 어디냐는 물음에 사람 보이지 않는 곳이 모두 화장실이라고 하던 말을 믿을 수밖에 없던, 아직은 찾는 사람이 적은 그런 곳에 기념관은 웅장한 석상들로 서 있었다.

에필로그

여행은 비움이다. 새로운 개안이다. 비우고 새로운 인식을 얻는 순간이다. 남코카서스 3국. 아제르바이잔, 조지아, 아르메니아는 자연 속에서 자연이 자연을 쓰다듬고 그대로 키워가는 곳이었다. 사람들도 자연의 일부였다. 어딜 가도 다시 만난 듯한 따뜻한 품 같은, 그래 마주 잡은 손 놓고 싶지 않은 곳을 떠나왔다. 남겨두고 온 곳이 너무 많다. 그 남겨두고 온 곳 다시 간다면 풀꽃 중 가장 우아하고 예쁜 풀꽃 같은 그녀와 같이 가리라. 그녀는 코카서스에 잘 어울리는 한 사람이니까.

가깝고도 먼 나라 일본

예술의 섬 나오시마

방향을 잃어야 여행일까

섬나라 일본. 꽤 많이 드나들었지만 아직 그들의 문화나 생활풍습이 내 몸에 젖어 있는 것은 아니다. 그들의 섬세함, 친절함, 배려가 강물처럼 넘치건만 나라와 나라 사이의 악연 같은 걸로 많은 사람이 가슴을 앓고 눈물의 세월을 보내고 있는 것을 보면 진정 그들의 가슴은 행동과 일치하는지, 또 일본이라는 나라는 어떤 나라일까 아직도 모호하기만 하다. 그러나 그들의 예의 바름이 좋고 친절함에 마음을 빼앗기고 정성을 다해 대대로 이어가는 장인정신으로 그들이 만드는 물건에 신뢰가 가 구매욕이 슬금슬금 기어 나오며 주머니를 열게 함을 어쩌지 못한다.

그러기에 일본을 꽤 많이 드나들기도 했지만 가슴에 차지 않는 무엇으로 인해 이번엔 그들의 문화 속에 묻혀 보리라 작정하고 또 한 곳을 찾아 떠났다. 일본 열도의 4개현으로 이루어진 시코

▲다카마츠항

▲페리호

쿠 지역의 카가와현 북쪽 중앙부에 위치한 다카마츠였다. 다카마츠현 세토내해에 열두 개의 섬이 있어 3년마다 세토우치 국제예술제가 열린다고 하니 어느 섬을 가도 그들의 문화나 문명을 접할 수 있겠지만 잘 알려진 쿠사마 야요이가 제작한 '노란 호박' '빨간 호박'을 보러 나오시마로 가기로 했다.

다까마츠공항, 셔틀버스로 다까마츠역까지, 거기서 도보로 다까마츠 항구로. 바닷바람에 머리카락 휘날리며 페리로 50분 미야노우라항에 도착하자 나오시마를 만났다.

멀고 가까움을 가늠할 길 없어 택시의 네비에 의지하여 찾아간 곳은 나흘을 보낼 '오비아케 게스트하우스'. 설레는 마음으로 찾았을 때 반갑게 맞아줄 일본 여인의 기모노를 생각했으나 예약자 명단에 우리의 이름은 없다고 했다. 뒤지고 뒤져 나온 예약일지엔 예약과 더불어 취소가 되어 있어 우리 셋의 이름은 날아가고 없었다. 취소된 이유를 그쪽이 모름도 우리가 취소되었음을 모르는 것도 더 이상 밝힐 수 없었다. 낯선 곳에서 만난 첫 번째의 인사는 황당함이었다. 길을 잃어야 진정한 여행일까. 망연히 앉은 모습이 딱해 보였겠지. 같은 업종의 친구에게 전화를 해 방을 구해 주었고 부지런한 아주머니는 자동차로 우리를 데리고 가서는 인계하듯 사정을 다시 설명하고는 손 흔들며 떠나갔다.

방 값은 거의 절반. 정원은 풀밭이 아닌 넓은 바다였다. 전체가 미술작품인 베네세하우스에 묵는 것과 비등한 넓은 바다를 우린 나흘 동안 차지할 수 있었다. 여행의 첫발은 좌충우돌로 얻어진 보석 같은 것이었다. 어쩌다 취소되었다는 사실에 절망하다 넓은 부엌과 함께 여덟 장 다다미의 일본식 방이 주어진 것은 인생의 단면과 같았다. 어찌 비 오는 날만 있으며 태양이 쏟아지는 날만 계속되랴. 구절양장의 인생 같은 나오시마의 첫날은 눈부신 아름다움이었다. 그 방이 나흘의 보금자리가 될 때까지 방을 물색해 주고 데려다주며 잘 지내라고 따뜻한 말 남기고 간 오미야케 여주인의 친절은 잊을 수 없는 첫 페이지였다.

▾묵었던 숙소

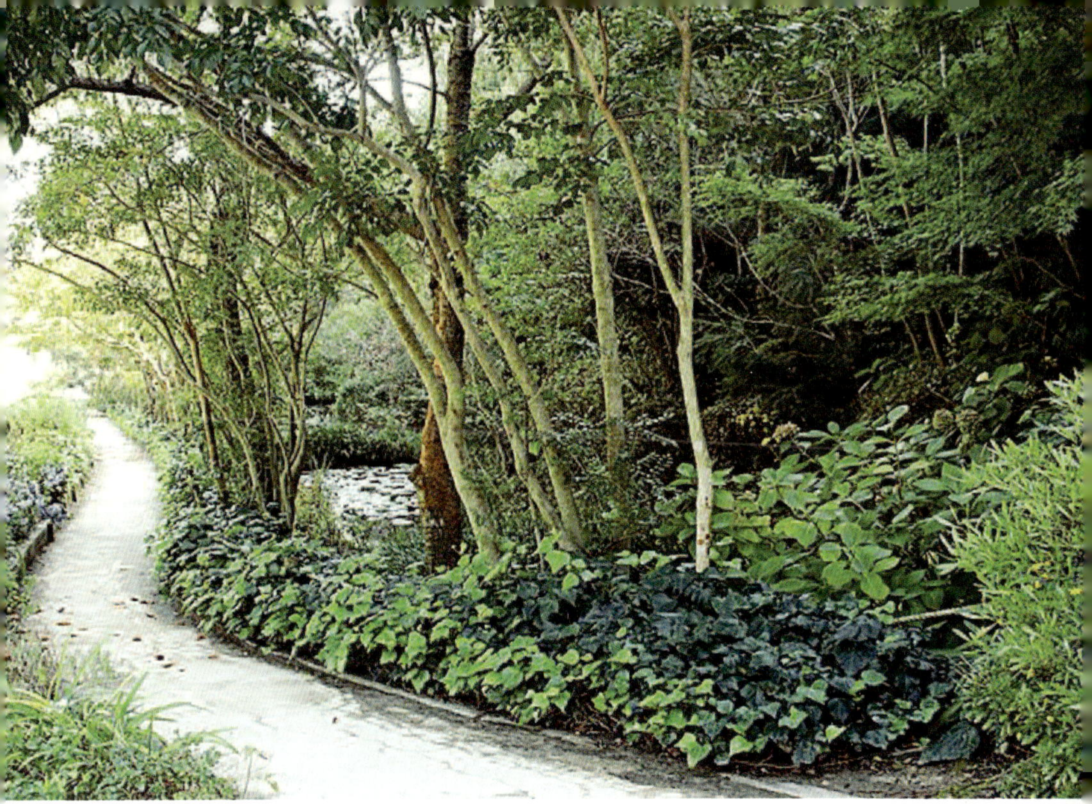

▲재현된 모네의 정원

미술관에서

지추미술관(地中美術館)은 세토내해의 경관을 해치지 않기 위해 전시장을 대부분 지하에 두고 있었다. 지하에서 느끼는 자연광의 부드러움. 자연광이 인간과 자연을 연결시키고 세토내해의 푸른 바다가 넘실대듯 그 소리를 들을 수 있는 듯한 분위기를 연출해 둔 안도 다다오의 능력. 이 미술관은 다다오가 설계한 최고의 건축물로 클로드 모네, 월터 드마리아, 제임스 터렐의 작품들이 전시장을 채우고 있었다.

▲모네의 수련

빛을 으뜸으로 둔 클로드 모네의 연작 수련은 빛을 따라 수련이 온 방에 피어나고 있어 그의 말대로 그림 속의 대상물은 변화하는 색채의 매개체에 불과했다.

제임스 터렐도 빛을 추구하는 면에서는 모네와 마찬가지인 설치미술가다. 커다란 작품 셋 모두가 빛을 보여주는 작품이었다. 제임스 터렐은 안도 다다오와 마찬가지로 우리나라 원주에 있는 오크밸리 '뮤지엄 산'에서도 만날 수 있다. 물론 작품의 경향은 전혀 다르다. 신발을 벗고 들어가서 작품을 가슴에 품듯 보았던 순간을 잊을 수 없다. 들어서는 순간 온몸에 빛은 쏟아지고 빛 속에 갇힌 듯 입체적인 빛의 가두리 속에서 빛을 향유하게 된다.

◀제임스 터렐의 작품

◀ 월트 드 마리아의 작품

월트 드 마리아(Walter De Maria)의 작품은 높은 천장에서 비추는 자연광으로 커다란 두 개의 구(球)에는 파란 하늘이 내려앉고 순수한 빛으로 숨소리조차 내는 것을 허용하지 않았다. 고요함이 온몸을 가득 채워 점점 가벼워져 공간으로 유영하는 듯해 우주 체험을 한 것이 아닐까 하는 신비로운 환상에 빠져 버렸다.

안도 다다오의 작품은 자연을 최대로 보호하고 그것을 사람들이 숨 쉬며 살고 있는 곳으로 끌어와서 공존하도록 해 놓고 있었다. 자연광의 눈부심이 미술관의 구석구석을 채우고 푸른 하늘을 볼 수 있게 해 둔 그의 건축 솜씨가 하나의 섬을 예술의 섬으로 너끈히 만들어 두었다.

▼ 안도 다다오의 작품

지추미술관의 끝은 이름난 카페다. 관람의 방을 나와 카페에 들어섰을 때 세토내해의 풍경이 파노라마로 펼쳐지고 그 가운데를 바다는 사금파리 같은 빛을 데리고 저벅저벅 걸어와 안겼다. 스테이크 한 조각과 커피 한 잔, 에이드에 담긴 햇살 한 스푼이 행복을 가져다주었다. 카페 밖에서 해바라기를 하며 자유롭게 이야기를 나누는 세계인들의 모습은 평화로움 그대로였다. 눈부심에도 눈을 피하지 않고, 바람에 몸을 맡긴 사람들 따라 깊게 호흡을 했다. 이 환희를 잊지 않으리라. 삶의 힘으로 삼으리라. 지추미술관은 예술의 정수였다. 바닷내음이 몸속으로 들어왔다.

▼ 세토내해

이우환미술관

이우환은 우리의 자랑이다. 한국, 일본, 프랑스에 거주하며 전 세계를 무대로 활동하고 있는 그는 세계 유수의 미술관에서 개인전과 그룹전을 열기도 한 아티스트이다. 미술관이 작품의 창고 같다고 늘 불만을 품고 있던 그에게 새로운 미술관을 만들자는 건축의 거장 안도 다다오의 제의는 얼마나 가슴 벅찬 일이었을까. 자연을 안으로 끌어들여 하늘과 바람과 햇살이 어우러져 안과 밖이 하나가 되는 안도 다다오의 건축이 이우환의 그림과 만난다. 미술관이라기보다 종교적인 공간 같다.

약간 낮은 내부로 들어서면 반겨주는 '만남의 방'에선 그의 작업의 세계를 한눈에 볼 수 있는데 서울 '예술의 전당'에서도 그의 작품을 만날 수 있음은 행운이다. 다음으로 들어선 '침묵의 방'에선 산업사회를 상징적으로 드러내고 있다고 하나 산업사회에서 자연으로 돌아가고 싶은 마음의 표현이지 싶다. 세 번째 방은 '명상의 방'이니 이름 그대로 명상하는 방이다. 관람객들에게 자신을 돌아보고 일상에서 탈출하여 새롭고 싱그러운 곳으로의 여행을 꿈꾸게 한다. 마지막 '그림자의 방'은 영상과 돌의 만남이다. 일렁이는 영상엔 돌의 내력이 흐르고 있다. 돌은 바로 침묵이니 침묵 속에서 관람객들이 더 큰 우주를 느끼기를 의도하고 있다.

야외 공간엔 오벨리스크와 자연석 철판이 띄엄띄엄 자리하여 조우의 눈길을 보내고 있다. 건축물이 수평선에서 만나고 사물과 내가 만나고 자연과 내가 만나는 순간들이다. 화해와 만남이 바로 이 미술관을 채우고 있다.

안도뮤지엄

약 100년 된 목재 옛집의 내부를 개조해서 만든 뮤지엄이다. 안도 다다오의 활동과 나오시마의 역사를 모아 둔 미술관이기에 안도 다다오의 자연친화적인 생각과 긍지가 그대로 드러나 있다.

베네세하우스 뮤지엄

나오시마를 대표하는 건축물. 예술과 휴식, 자연이 조화된 공간으로 이곳 하나만으로도 나오시마로 하여금 '아트 아일랜드'가 되게 한 건축가 안도 다다오의 전부가 담긴 설치미술의 광장이다. 어디에서나 바다 냄새가 나는 것 같았다. 여러 작가들의 설치미술도 모두가 자연이었다. 가을이 흐드러진 가운데 자연으로 이루어진 작품들이 스산하게 와서는 따뜻하게 가슴을 데워 준다.

◂베네세하우스의 바깥

▾야외작품: 평면에 의해서 이분된 원통

이에 프로젝트家(プロジェクト)

혼무라(本村)는 오래된 집들이나 신사가 모여 있는 나오시마의 한 지역이다. 젊은이들은 큰 도시로 나가고 고령화가 된 마을에 빈집들이 늘어나기 시작하자 더 이상 퇴락하도록 둔 것이 아니라 구경 오는 마을로 만든 것이었다. 남아 있는 주민들의 의식이었다. 나이든 어르신들이 앞장선 승리였다. '혼무라 이에 프로젝트(本村 家プロジェクト)'라고 명명까지 한 것이었다. 일곱의 테마로 그 집들을 찾아가면 늙수그레한 어르신들이 관광객이 가져온 안내서에 도장을 찍어 주었다. 일곱 마을을 다 돌고 나서 느꼈던 뿌듯함은 잊을 수 없다. 새로운 것에서 얻는 경이감을 인식의 저장고에 넣으며 테마별로 주제가 뚜렷한 집들을 각인했다.

긴자

'이것을'이라는 뜻을 가진 '긴자' 긴자는 침묵이었다. 구도의 시간이었다. 나를 돌아보는 시간이었다. 작품 감상의 제약은 들어갈 시간의 사전 예약이며 일행과는 별리의 순간을 맞는 곳이다. 혼자 들어가서는 15분을 캄캄한 방 안에 갇혔다. 흙냄새와 오래된 나무 냄새, 짚풀 냄새가 몸에 배어들고 생각은 거꾸로 흘러가 유년조차도 길어 올리게 했다. 침묵은 구도의 시간으로 이어지고 나는 나를 찾았다.

◂ 긴자

카도야

카도야는 섬사람들 시간의 이야기였다. 어두컴컴한 곳에서 물 위를 걸으며 그들이 새긴 물의 시간들이 어떤 의미를 가질까 생각해 보았다. 그들의 시간은 곳곳에서 가고 정지하고 그리고 생각의 바퀴를 돌리고 있었다. 물레방아처럼 생각의 바퀴는 돌아갔다. 진정 섬에 사는 사람들의 절박한 시간의 이야기였다.

미나미테라

이에 프로젝트 집들이 모두 더 이상 사용할 수 없는 집들을 개조해서 사용했으나 미나미테라는 안도 다다오가 설계해서 신축한 집에 제임스 터렐의 작품을 설치해 두었다. 그리고 안도 다다오의 작품으로는 드물게 보는 목조 건물이었다. 들어서니 아무것도 보이지 않는 공간에 갇히게 되었다.

"더듬어보세요, 왼쪽으로 도세요. 앞으로 나오세요".

지시에 따라 더듬었고 말소리에 맞추어 걸었다. 절망 같은 어둠뿐이었다. 시간이 흐르자 절망적인 어둠 속에서도 빛을 파악할 수 있는 능력이 내 안에 내재해 있다는 사실 앞에 놀라고 말았다. 내 눈의 적응이었다. 누구든지 해낼 수 있다는 가능의 기쁨을 심어주기 위한 프로젝트였다.

▸ 미나미테라

고카이쇼

고카이쇼의 맞은편은 촌장의 집이었는데 이곳에 살았던 은자(隱者)가 마을 사람들과 곧잘 바둑을 두었다고 해서 건물의 이름을 기원(棋院)이라는 뜻의 고카이쇼로 정했다고 했다. 목조 작가 스다의 작품이다. 마당엔 동백나무를 심고 방안엔 나무를 조각해 진짜 꽃과 꼭 닮게 만들어 두었다. 진짜 꽃도, 진짜와 같은 모양으로 만든 꽃도 있어 진짜와 가짜의 대립이 주는 의미는 무엇일까 생각하게 했다. 그건 바로 인생이었다. 방의 크기는 넉 장 반으로 대칭인 두 개의 방. 동백꽃이 피어나기도 하롱하롱 떨어지기도 하는 마을 작은 방에서 바둑을 두던 검소한 은자는 우리에게 삶의 방향을 가리키며 돌아보게 했다.

이시바시

이 집은 에도 말기부터 메이지 전반 무렵의 건물이었단다. 제염업으로 번성한 가문이라 하니 나오시마의 산 역사로 길이 남기기 위한 집의 재건이었다.

한마디로 여백이었고 적막이었다. 여백은 상념의 도구였다.

고오진자

고오진자는 신사(神社)인데 지상과 지하를 잇도록 되어 있었으며 그 수단은 유리계단이었다. 유리계단이야말로 인간의 통로가 아니라 신이 다니는 길로 투명한 유리는 신비한 힘이 머물 수 있는 귀중한 물질로 예로부터 우러름의 대상이었단다.

나오시마 혼무라 지역민들은 여기에 정성을 다해 영혼을 호출하고 자기들의 소원을 아뢰며 이루어지기를 소망했다. 그들의 신앙을 영원히 보존하기 위해 프로젝트에 담았나 보다.

하이샤

하이샤는 치과의원이었다가 버려진 집을 작품으로 재탄생시켜 두었다. 여행작가인 오오다케는 자신의 모습을 방속에 유감없이 드러내놓고 있었다. 집 전체가 스크랩북이었다. 양철집에 칠을 하고 주워온 오브제를 추상화로 꾸미고는 벽엔 일본식의 작은 통풍 공간을 남겨 두었다. 또 하나의 방의 테마는 '꿈'이라고 되어 있었다. 화장실까지도 잡지로 모자이크한 작품이었다. 환상의 세계를 넘나드는 작가의 꿈이 이곳저곳에 자리하고 있었다. 버려졌던 집을 보존하고자 하는 마음 위에 만남과 꿈을 향해 가는 작가의 모습을 담은 가장 현대적인 감각의 집이었다.

골목의 풍경

골목을 지났다. 가게들이 커다란 장난감이었다. 일반 집에는 작은 화분들이 꽃을 안고 있었다. 따개비처럼 골목을 채운 집들이 정겨움으로 가슴에 안겼다. 에도시대를 그대로 재현해 두었단다. 정갈한 가게들도 테마를 안고 있었다. 일본식 단팥죽이며 카레 돈카츠에서 나오는 냄새가 발목을 잡아 어느 집이든 들어가게 했다. 이곳저곳에서 먹고 마시며 향연을 베풀었다. 어느 나라든 비슷하지만 가장 일본적인 색채를 띤 것들이 눈을 사로잡았다. 여기에서 긴 대롱으로 누군가를 부르면 저 끝에서 대답할 것 같은 골목이 떨어지는 햇살을 안아 눕혔다. 얼마나 긴 시간을 보냈을까. 저물어가는 긴 그림자가 가을을 재촉하는데 바쁜 마음이 되어 먹거리와 기념품을 파는 아저씨의 능란한 외국어에 쏠려 예쁜 종을 사서 나오시마를 담아 왔다. 청아한 소리가 내 방에 나오시마를 편다.

미야노우라항 주변 이야기

다카마츠항을 뒤로하고 약 50분쯤 페리가 물살 위로 소리를 저으면 나오시마의 문인 미야노우라항이다, 한적한 섬마을이다. 건축가와 예술가는 물론 마을의 사람들이 힘을 합치고 호흡을 같이했다. 배에서 내려서면 잔디 위에서 맞아주는 빨간 호박. 널리 알려진 쿠사마 야요이의 작품이다. 바다와 호박의 비교라든가 철썩이는 푸름과 점박이가 있는 빨간 호박과의 엉뚱한 어울림. 바다가 더 푸르게 보이고 호박은 호박대로 붉기만 하다. 또 하나의 노란 호박은 더 멀리 베네세하우스가 있는 바닷가에 있다. 빨간 호박을 보면서 바다를 끼고 걷기 시작한다.

바로 만나게 되는 분라쿠 푸펫이다. 나오시마 여성들이 연기하는 고전 인형극 분라쿠에서 인형들의 움직임과 기모노 자락에서 영감을 얻어 입체화한 작품이다. 초록의 잔디 위에 푸른색의 작품은 밤엔 불빛으로 환상의 날개를 단다. 다음에 만나는 것이 파빌리온이다. 250개의 스테인리스 망으로 만들어진 섬 모양인데 안으로 들어갈 수도 있으며 밤에는 불빛으로 낮과는 판이하게 빛나는 하나의 섬이 된다.

바닷가엔 빈 배가 놓여 어디에서나 누구나 한 번쯤은 외롭게 자신의 세계로 들어감을 알려주는 듯 했다. 개를 데리고 나온 사람도, 아이와 함께 술래잡기하며 뛰어가는 젊은 아버지의 모습도 따뜻한 풍경이다. 거리엔 바람이다. 우리들이 나누는 얘기에 바람이 앉았다 가고 하늘이 가만가만 내려온다. 흥얼거리며 닿게 되는 곳은 우리가 나흘을 묵은 Guesthouse Yokonbo Naoshima다. 넓은 태평양을 정원으로 가진 깔끔하고 자유로운 민박집이다. 할머닌 따로 살림집이 있

▾빨간 호박

▾노란 호박

▾분라쿠 푸펫

▾파빌리온

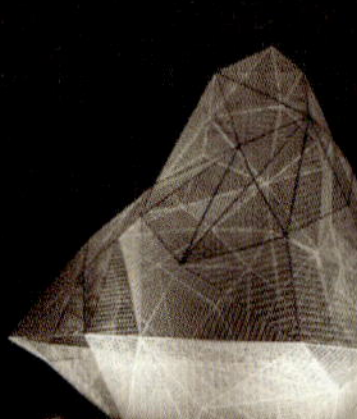

어 관광객을 맞을 때가 아니면 만나볼 수도 없지만 항상 흔적을 남겼다. 외출하고 돌아오면 사용했던 수건이며 모자라던 것이 채워져 있곤 했다. 비어 있던 집에 짐을 풀었던 터라 저절로 주인이 되고 말았다. 여덟 장의 다다미에서 올라오던 짚풀 냄새가 한국까지도 따라와서 지금도 폐부에서 들숨날숨으로 나를 편안하게 해주고 있다. 내 어릴 때 살던 적산 가옥의 방도 그와 같은 다다미방이었음이 문득 떠올랐다. 섬의 반 바퀴만 걸으면 미술관도 옛 마을인 혼무라도 갈 수 있는 곳에 우린 있었다. 좁은 섬 마을이었다. 고향 같이 다사롭고 넉넉한 인심의 마을이었다. 열정이 꽃 피운 예술의 정수 속에 노닐다 온 나들이였다.

▲바다를 안고 있는 민박집

에노덴 전철에 나를 싣다

프롤로그

몇 년 만의 더위라고 국내외에서 떠들썩했다. 절전 안내 멘트가 모니터에서, 확성기에서 밤낮으로 울어대기도 했다. 그렇게 하여 얻게 된 건 무엇일까. 바로 오늘의 이 가을바람인 것을. 그렇게 극성스럽게 울부짖지 않아도 여름은 슬금슬금 눈치 보듯 물러가며 배태했던 가을을 슬그머니 던져놓고 가고 있었다.

그렇다. 자연의 섭리를 누가 막을 수 있을까. 자연의 순리에 나를 맡기고 싶었다. 매달려 온 것은 여행에의 유혹이었다. 유혹은 밤을 넘기지 못했다. 떠나자. 인터넷으로 사흘 뒤에 떠남을 확정할 수 있었다. 주중으로 하고. 와이파이를 무한정으로 쓰기 위한 준비도 끝냈다. 나흘을 이웃 나라에서 보내기로 작정하자 이미 마음은 기다림으로 설레기 시작했다.

이웃 나라의 어수선한 자연재해. 지진으로 지반은 내려앉기도 집을 무너뜨리기도 했고 마흔 명이 넘는 인명의 피해도 마무리되지 않았는데 다른 곳에선 태풍이 한 편의 비행기도 공항에 내려앉게 하질 않았다. 무모하다 해야 할까. 난 일본으로의 여행 준비를 끝내었다.

잠시 폐쇄된 공항이 아니어도 공항은 수두룩하다는 생각에 걱정을 접었다. 그리고 내린 곳은 하네다공항. 머물 곳은 동경 신주쿠의 가부키초. 에노덴 선을 타기 좋은 곳으로 선택한 것이다. 새로움이었다. 항상 겪는 환희와 설렘, 그리고 이름하기 힘든 눈물의 맛이 어디에서부터 따라왔을까. 또 시작인 것을.

에노덴 전철 선로를 따라

신주쿠의 가을 아침은 19도에서 시작하다.

묵고 있는 가부키초에서 오다큐선을 타기 위해 신주쿠 역에 도착했다. 오다큐선 쾌속급행은 신주쿠에서 나를 안아 올려 한 시간을 달려 후지사와에 내려놓았다. 환승을 위해 우르르 사람들이 쏟아져 내렸다. 전철이라는 말이 어울리지 않았다. 전차라고 하면 어떨까 생각했다. 후지사와에서 오다큐선(Odakyu line)과 에노덴선(Enoden line) 중에서 에노덴선을 택했다.

'기찻길 역 오막살이'가 생각나는 길. 선로는 꼬불꼬불하다. 저만큼 가면 무엇이 기다리고 있을 것 같은 장난감의 마을로 들어선 것 같기만 하

▾ 꼬불꼬불한 선로

다. 옛날 타고 다니던 전차에 몸을 부린 듯하고 자리에 앉는 그 순간부터 이미 동화의 나라에 들어선 듯하다. 전철은 골목길인 선로를 엉덩이 흔들며 뒤돌아보는 철 들지 않은 처녀애처럼 잘도 달린다. 그러나 그렇게 서두르며 가는 것 같으나 걸음은 그리 빠르지 않다. 목로주점 같은 간판들이 가슴에 안겼다간 떠나가곤 한다. 차창 밖으로 보이는 풍경들이 이국이라기보다 우리나라의 어느 골목을 지나고 있는 듯하다. 어릴 때 살았던 적산가옥을 생각나게 하고 이층으로 올라갈 때 조그마한 소리로 삐걱거리던 열두 계단까지도 그리게 한다. 그리고 창가에 올라앉아 골목길을 내려다보며 학교에서 돌아오던 내가 손을 흔들면 애교 부리듯 울던 검은 고양이 미야까지도 떠올리게 한다. 유년의 골목길을 그대로 재현해 놓고 나에게 눈으로 밟으며 지나가게 하고 있다. 전차는 골목만을 누비는 것이 아니다. 바다를 끼고 낭만을 노래하며 달리기도 한다. 옆에 앉은 일본 아줌마는 한국에서 왔다는 내 말에 거기에서도 이 열차가 알려져 있느냐고 했고 그렇나는 내 말에 긍지로 활짝 핀 웃음을 보여 준다.

아주머니는 여섯 번째가 에노시마역이라고 친절히 얘기하고는 다섯 번째 역에서 나에게 손을 흔들었다. 그러나 돌아올 때 들러리라. 에노시마역에 손을 흔들며 지났다. 태평양이 더 넓게 나를 부르고 있는 역을 찾아 떠났다. 가마쿠라 코코마에역 창밖엔 바다가 넘실거리고 있었다. 바다에 마음을 빼앗긴 사람들이 우르르 나와 함께했다. 그뿐만이 아니다. 그곳은 우정과 승리와 노력의 합

▲가마쿠라 코코마역

▲'슬림덩크'의 배경이 된 건널목

일을 보여준 만화영화 '슬램덩크'의 배경이 된 곳이자 넓은 바다, 태평양을 정원으로 가지고 있는 정겨운 마을이었다. 그래 그런지 많은 사람들이 붐비고 있었다.

세상에서 가장 넓은 것의 비유는 늘 태평양이었다. 그 태평양이 부끄럼도 없이 넓은 가슴을 벌리고 있었다. 가물거리는 수평선이 눈썹과 마주했다. 바다는 향수였다. 고향 바다에 두고 온 언어들을 투망질했다. 이승과 저승이 입맞춤하는 곳, 성난 바다의 포효, 사랑을 잃은 후 쏟아놓은 내 피울음, 부모님 풍장 후에 왜소한 나를 일으켜주던 신선한 갯내음. 범벅으로 흐르는 눈물 같은, 결코 슬픔만이 아닌 언어들을 꿰고 있었다. 바닷가를 걸었다. 웨딩 촬영인지 새롭게 문을 여는 남녀가 포옹하며 카메라를 바라보고 있었다. 태평양만큼 사랑하자고 다짐하고 있을까. 언어가 필요 없는 그들이 태평양을 배경으로 작은 점으로 있었다. 돌아서며 시 한 편을 떠올리는데 멀리서 에노시마가 손짓하고 있었다.

藤沢
1051
線路内
立入禁止
Keep Out

해안선은
눈부신 흰모래를 밟았던
발바닥의 기억으로
멀리 혼자 사라지고 있었다.
소실점 쪽으로 멀어져 가는
맨발의 기억에는
가루 같은 은모래
부드러움이
묻어 있었다…

– 허만하의 「바다」에서

선로는 한 길이다. 간 길을 다시 오기를 기다리면 또 흔들면서 다가올 에노덴. 그 전차를 기다렸다.

다시 에노시마로

가나가와현 후지사와시 기타세 해안. 되돌아가는 길이다. 들른 적이 있는 곳이지만 좋아하는 골목골목의 풍경을 놓쳤던 게 자꾸 아쉬움을 키워 다시 찾게 된 곳이다. 에노시마역에서 사람들의 물결에 실려 내렸다. 바다는 에노시마역에서 바로 만날 수 있는 것은 아니다. 에노덴 전차를 타고 어느 역에서 내리든 동화 같은 마을을 만나듯 여기도 마찬가지다. 줄잡아 1,300m쯤 아기자기한 동화의 집들이 마주보기도 열을 지어있기도 한 골목을 지나야 한다.

▲ 에노시마신사

옛날식의 이발소며 곳곳에 자리한 아이스크림 가게, 작은 기념품가게, 오밀조밀한 물건들이 얼굴 내밀며 오고가는 손님들을 맞고 보낸다. 한참을 걸으면 육지와 섬을 두 개의 다리로 이어놓았다. 바로 에노시마의 어귀가 되고 약간 언덕진 곳으로 올라가면 에노시마 신사로 들어가게 된다. 들어간 길 양쪽도 모두 가게다. 기념품가게들이라 마음 빼앗길 만한 것들이 줄지어 있다. 일본의 전통적인 먹거리를 비롯하여 구경하다 지치면 넉넉히 쉬어갈 수 있는 곳들이 많다. 이 신사는 552년에 창건되어 가마쿠라 무사 정권에도 영주들로부터 대대적으로 존경을 받았다고 한다. 재복을 주는

▼ 에노시마 가는 길

신을 모셨다고 많은 사람들이 찾아온다.

오쿠츠미야, 나카츠미야, 헤츠미야 세 신사를 합쳐서 에노시마 신사라고 부른단다. 바다의 신, 물의 신, 행복과 재물의 신인 세 자매 여신을 모시고 있단다. 신사마다 많은 사람들이 줄을 서서 향불에 소원을 매달아 올리고 있었다. 향유하고 싶은 것들, 누리고 싶은 것들을 그들은 고하고 있는지도 모를 일이었다. 에노시마 신사만 본다 하더라도 하루해를 채워도 부족할 것 같았다. 쉬엄쉬엄 가리라.

에노시마 캔들

에노시마의 상징으로 에노덴(江ノ電) 개통 100주년을 기념하여 만들어진 전망등대다. 내려다보니 360도의 파노라마 풍경이다.

▼ 후지산 정경

쨍쨍한 햇살이 없어 멀리 후지산이 안개처럼 보여 오히려 몽환적이었다. 시원한 바람에 바다냄새가 실려 와서는 코끝을 간지럽히더니 무심히 가 버린다. 에노시마는 이 광경만으로도 많은 사람들의 가슴을 시원하게 해 줄 수 있을 것 같았다.

지반변동으로 생긴 융기현상을 볼 수 있는 해안 침식지지대와 침식동굴인 에노시마이와야는 지나버렸다. 연인의 언덕에 있는 사랑의 종(류렌노카네)에 이끌려 나도 모르게 그리로 갔다. 사랑하는 연인이 함께 종을 울린 다음 난간에 둘의 이름을 적은 자물쇠를 채우면 영원히 헤어지지 않는다고 한다. 인생의 석양녘에도 난 가슴 설레는 영원한 사랑을 바라고 있었다. 그 사람이 누구여야 한다든가 하는 게 아니고 사랑이라는 이름의 누군가를 그리워하고 있었다. 에노시마는 향수였고 사랑이었다.

▲에노시마 캔들

푸름에 안긴 오키나와에서

나하공항에 발을 내딛는 순간 영하 8도의 서울을 잊었다. 2월의 바람, 바다를 안고 살아가고 있는 곳이지만 그 소리가 다르고 빛깔이 달랐다. 20도를 오르내리는 저녁의 습기가 머리카락에 와서 매달렸다. 거긴 일본이 아니었고 그들은 일본인이 아니었다. 류큐왕국의 후손이었다. 1879년 일본에 먹혀 버린 그들은 오키나와현이 된 곳에서 욕심 없이 물 흐르듯 그렇게 살고 있었다.

국제거리

이 거리는 미군의 주둔으로 생긴 것일까. 오키나와 현청 앞에서 마키시역까지 꽤 긴 거리다. 약 1.6km 직선도로로 가장 번화한 곳이며 천장이 덮여 있는 아케이드 상가에서는 오키나와 특산물을 구경할 수 있다. 쇼핑몰의 화려함과 거리의 번화함, 그러나 나무 아래

▾국제거리의 이모저모

흡연 장소가 어째 마땅치 않았다. 그들은 본토와는 다르게 미국의 문화에 더 많이 젖어 있었다. 밤바람 가르며 찾은 스마일 호텔은 혼자인 내게 침대 셋과 두 개의 화장실을 선물처럼 안겼다. 배정의 잘못이지만 내 좁은 서울의 방을 잊고 밤 내내 겅중거리며 좋아했다.

오키나와의 밤

밤이 소리를 내고 있었다. 이국적인 언어 같기도 하고 바람 같기도 한, 아니 이명으로 웽웽거리는지도 모를 일이었다. 밖은 잠들지 않은 채 날이 밝아올 것만 같았다. 언제부터인지 산다는 것이 덤덤하고 담담해지고 말았다. 그런데도 그 사이를 용케 비집고 들어오는 무채색의 그림자가 있다. 연유를 알 수 없는 외롬이다. 혼자 놀기도 잘 하는 내게 이상한 버릇 하나 생겼다 싶다. 그러나 누구와 같이 하고 싶다는 맘은 없으니 그것조차도 병인 것 같다. 세상이 변하고 인심도 사정없이 변해가니 아예 눈을 감아야 할 것 같은 데서 오는 외롬인지도 모르겠다. 잠깐이려니….

침대 셋, 화장실 둘인 방에서 며칠을 보내라고 전자키를 주었다. 아무 말도 하지 않았다. 침대 하나, 화장실 하나면 되련만. 가끔은

▼ 오키나와 밤거리

덤처럼 오는 즐거운 일이라 간주하며 외롬과 우울을 씻어내려 한다.

좋은 일도 마음 아픈 일도 한마디 말 속에 녹이려 한다. 유대교의 경전 지혜서 미드라쉬에 나오는 '이 또한 지나가리라(This too shall pass away).'는 솔로몬의 지혜로운 말이다. 어려움도 괴로움도 미풍처럼 지나가니 어쩌다 이렇게 덤으로 주어진 횡재도 한 번쯤 누려 보라고 어느 손길이 그렇게 했으리라.

해중 크루즈

바닷바람에 태양이 실려와 날을 밝혔다. 바다를 가른다는 말이 이런 것일까. 멀어지는 나하항을 보면서 젖은 눈으로 물속을 헤집는다. 산호 사이로 미로를 빠져나오듯 헤엄쳐 내게 오는 고기들을 본다. 그들조차도 반갑다. 외로우니까.

▾ 크루즈선에서 바라본 나하항

슈리성

류큐왕국, 그 영화의 발자국을 찾아 슈리성을 찾았다. 오키나와에서 가장 큰 성으로 중국과 일본의 축성 문화를 융합한 독특한 건축양식과 우아한 곡선이 사람들을 매료시킨다. 우선 들어서면 슈레이문이 반겨주고 바로 옆엔 국왕이 외출할 때 무사평안을 비는 돌문이 세계문화유산으로 등재되어 있었다. 이 성은 1879년 최후의 국왕 쇼타이가 메이지 정부에 내어줄 때까지 약 500년 동안 류큐왕국의 정치, 외교, 문화의 중심으로 영화를 누리던 곳이다. 빼앗긴 후에는 육군의 군영으로 그리고 학교 부지로 사용되다 점점 황폐해졌으나 몇 번 재건에 힘쓴 이들로 오키나와의 신사로 역대 임금들을 모시게 된 곳이란다. 그러나 결정적인 소실은 1945년 미군의 오키나와 상륙으로 흔적도 없이 타버리고 말았다.

여러 번 재건을 꾀했으나 1980년에 이르러 본격적으로 복원작업을 시작하여 1992년 임금이 계시던 정전(正殿)까지 노인들의 기억을 동원하여 복원함으로써 거의 옛 모습을 찾게 되었다. 2000년에 류큐왕국의 유적으로 세계문화유산에 등록되었으니 오키나와인들의 잃어버린 나라에 대한 갈망이 꽃피운 결과라는 생각이 들었다. 뿐만 아니라 슈리성은 일본 엔화 2천엔의 앞면을 차지하고 있어 나도 추억처럼 한 장을 간직했다. 2천엔화의 화폐는 일본에서도 흔하지 않다.

▾ 슈레에몬(守禮門)

▾ 슈리성의 정전

▲국왕의 안전을 기원하던 장소

▲간케이몬(歡會門)

어느 민족인들 가슴 아픈 역사가 없을까. 가슴 아픔은 결코 눈물에만 그치는 것은 아니라는 사실을 느끼게 된다. 눈물이 성장과 발전의 버팀목이 되는 경우가 많은 것을 간과할 수 없다. '슬픔만한 거름이 어디 있으랴'는 시인의 시가 떠나지 않았다. 이젠 그 주변이 슈리성 공원으로 관광객을 모으고 있으니 그들 의지의 성공이지 싶다.

추라우미 수족관(Churaumi Aquarium)과 오끼짱의 공연

해중 크루즈로도 채우지 못한 물고기들을 보기 위해 나섰다. 수족관에서 가장 큰 수조는 '흑조의 바다'였다. 대수조에서 자유를 만끽하며 유영하는 고래상어는 한 번씩 벌떡 서곤 해서 박수를 받는다 너풀너풀 치맛자락 날리듯 물살에 길을 내는 최대의 가오리 만타의 무리들, 그 몸놀림, 바다의 환경을 그대로 옮겨 놓은 산호의 서식. 2002년에 문을 연 동양최대의 수족관은 바다를 그대로 재현해 놓았다. 구경하는 사람들은 수조의 크기에 어느 정도 미칠까. 밑바닥에 깔린 수초 같기만 하다.

몇 걸음 걷지 않아 오키나와 국제 해양박람회가 열렸던 곳에서 보게 된 오키짱(돌고래)의 공연은 언제 보아도 연습으로 숙달된 행위에 놀랄 수밖에 없다. 그들의 애교, 그들의 인사, 재치, 재바름 모두가 박수 사례에 묻힌다. 뛰어오르기. 풍선 물기, 가벼운 물건 나르기, 트위스트하는 놈들을 바라보며 생존의 의미를 더듬었다.

▼ 코끼리절벽

▲만좌모

만좌모(萬座毛)

돌고래의 인사를 받으며 만좌모로 향한다. 중부 서해안에 자리한 국립자연공원으로 18세기에 류큐의 왕이 이곳에 들렀을 때 만 명이 앉을 수 있는 초원이라 말한 것이 유래가 되었단다. 바다를 품고, 바다를 안고 바다의 소리에 초록은 숨을 쉬고 있었다.

풍화작용으로 코끼리를 닮은 절벽의 모습도 자연의 선물이다. 여유로움이다. 옥색의 하늘이 동지나 바다와 맞물리더니 초록의 초원 위에 자리를 편다.

아메리칸 빌리지(Mihama town resort American Village)

1945년 미국이 점령했던 비행장을 1981년에 반환받음으로써 그 부지에 레스토랑, 쇼핑시설 등으로 꾸민 공간이다. 미국의 문화가 지배하는 곳이다. 젊은이들이 즐겨 찾는 데이트 코스로 가장 인기를 끄는 곳이기도 하다. 현란한 불빛이 마음을 설레게 하고 어디서나 볼 수 있는 스타벅스엔 젊은이들이 이미 자리를 다 차지하여 서성이게 했다. 거리엔 무명의 악사들이 노래하며 연주하고 다양한 문화행사 안내가 돋보이는 곳이기도 했다.

그러나 오키나와엔 미군 공군의 비행장이 여러 군데 있었다. 멀지 않은 곳에 하네다공항의 두 배가 넘는다는 카데나 비행장은 규모도 그러하지만 비밀스런 곳이 아니라는 듯이 누구나 바라볼 수 있게 전망대가 있는 것도 특이한 사실이었다. 아메리칸 빌리지는 끄질 줄을 모르는 눈부신 가로등으로 밤을 밝히고 젊은이들을 불러 모으고 있었다. 밤이 차차 깃을 내리고 있어 나도 파도소리를 들으며 잠들 숙소로 들어갔다.

우미카지 테라스

배를 타지 않고도 갈 수 있는 세나가지마에 있는 그리스풍의 관광지라고 해야겠다. 오키나와의 산토리니라고 이름 붙인 것은 그리스의 섬 산토리니를 연상하게 하느라 이름 지은 것이리라. 그 규모에서야 어림없는 일이지만 하얀 건물들로 정갈하게 꾸며진 가게들이 작은 산토리니라고 해도 그리 손색은 없을 것 같았다. 옥색의 하늘, 옥색의 바다, 그 속에 수선화 같은 오밀조밀한 가게가 한 폭의 수채화였다. 가게마다 공터에 만든 흔들의자에 앉으니 따뜻한 햇살의 품에 안겨 있는 듯한 착각조차 들기도 했다. 갯냄새가 스멀스멀 기어오르는데 유년의 내가 거기에 있었다.

오키나와 월드(테마파크)

류큐문화를 체험할 수 있는 오키나와 최대의 테마파크로 류큐 왕조시대의 거리 풍경을 재현한 성하마을에서는 유리

공예, 도예, 베 짜기, 염색, 전통제지, 등의 체험 프로그램까지도 마련되어 있었다. 먹거리도 많이 준비되어 있었으나 가장 눈길을 끈 것은 향토맥주 니헤데비루였다.

▲종유동굴

교쿠센도(玉泉洞)

오키나와 월드에 자리한 오키나와 최대의 종유동굴. 30만 년의 세월이 만들어낸 대자연의 조형미다. 1967년 미국의 통치를 받고 있을 때 에히메대학교 탐험부 청년들의 열의에 의해 밝혀지기 시작했단다. 종유석의 숫자는 100만 개 이상으로 국내 최대이다, 천연기념물로 지정된 종유석들이 들려주는 30만 년 동안의 이야기에는 기쁨보다는 서러움이 더 많지 않을까 싶다. 류큐왕국이 일본에 흡수된 이야기들이며 2차대전 때 미군의 상륙으로 27년 동안 미군정 아래에 있었던 일들. 이런 이야기들을 품고 종유석은 늘어진 젖가슴처럼 그렇게 매달려 있었다.

에이사 공연

에이사 공연은 오키나와 월드의 꽃이라고 하고 싶었다. 에이사 광장에서 이루어지는 오키나와 원주민들이 벌이는 공연이었다. 웃음이 있고 즐거움을 유도하는 힘이 있었다.

그들은 키가 작고 얼굴은 바닷사람의 얼굴이라고 해야 할까. 서민적이고 수수했다. 그러나 그들의 보이지 않는 근육에서 나오는 듯한 강한 힘은 질곡의 세월을 살아낸 강인함을 느끼게 했다. 또한 친근감이었다. 일본의 북해도에서 보았던 아이누족의 공연보다 힘이 있음이 다른 점이었다.

바다로 나간 이들을 기다림이 아니라 배를 타고 나가는 날에 용기를 북돋아주어 의기충천하게 하는 뱃노래 같은 것이었다. 공연이 끝난 후 다소곳한 그들의 배웅은 돌아서 나오는 걸음을 멈추고 뒤돌아보게 했다.

에필로그

바닷바람이 향기롭다. 소리는 귀를 열게 한다. 그들은 크게 욕심이 없다. 본토보다 소득이 훨씬 낮지만 갈등이 없다. 주어진 것에 감사하며 바다를 닮아간다. 미국이 심어준 문화도 받아들이긴 해도 아메리칸 빌리지와 국제거리를 제외하면 본토와는 다른 오키나와 그들의 색깔과 빛을, 냄새를 지니고 있는 류큐왕국의 후손들이다. 친절하고 낮은 자세가 다가가게 한다. 그들과 어우러지고 싶게 한다.

덤덤하고 담담하게 살아가야 함을 익힌 곳이기도 했다. 자연처럼 자연을 거스르지 않고 살아가는 오키나와인들은 일본인이 아닌 그들의 전통을 이어가는 사람들이었다.

오키나와를 물어보는 사람을 만나면 얼마나 따뜻한 곳이었던가를 전해주리라. 쪽빛의 동지나 바다여 안녕.

그리움 때문에

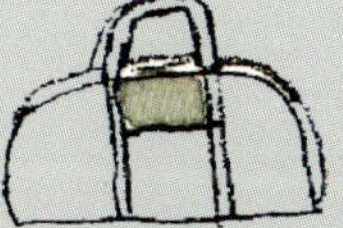

로키, 그리움으로 가다

가슴은 뛰고 있었다. 캐나다 대륙 동서를 관통하는 하이웨이를 지나며 빙원과 빙하 위에서 내가 왔노라고 소리치던 20여 년 전의 세월을 더듬고 있었다. 그때도 다시는 설원 위에 설 수 없을 만큼 몸은 자그락거리며 부서져 내리고 있었던 터라 캐나다에 살고 있는 지인은 나를 위해 곰의 곰탕을 먹게 했다. 그리고는 곧장

빙원으로 차를 몰았다. 설상차를 타고 올랐던 콜롬비아의 대빙원과 빙하. 떨림을 내리깔며 마셨던 얼음물이 아직도 설렘으로 있음은 웅장한 자연 앞에 다시 섰다는 사실 때문이었다.

다시 찾은 로키. 그 넓고 장엄한 산은 내리꽂히는 눈부신 햇살을 사방으로 반사시키며 '일어나라, 일어나라' 속삭이며 나를 감싸 안았다. 이번은 빙원 대신 숲을 찾아 온 것이었다. 숲의 향기가 폐부로 들어오는 순간 나도 모르게 입에 익은 노래를 흥얼거리고 있었다. 노래를 몇 번이나 반복하고 있는지, 어떻게 알게 된 노래인지도 모른다. 장엄함에, 그 따뜻한 포용에 눈은 젖은 채 구름 속을 걷듯 무엇에 홀린 듯 숲속 길로 걸어 들어갔다. 봄이 아니라도 흘러내리는 물소리를 안고 어디서 내 연인은 넓은 품으로 나를 기다리고 있을 것 같았다. 로키는 이미 나의 사랑이 되었다.

로키 산에 봄이 오면

로키 산에 봄이 오면
난 당신에게 돌아갈래요
어여쁜 푸른 눈을 가진
로키 산의 작은 연인인 당신에게로
난 당신을 사랑한다고 또 말할래요(그래요, 당신을 사랑한다고)
새들이 온 종일 노래하는 동안에
로키 산에 봄이 오면
멀리 떨어진 로키 산에 봄이 오면.

단풍이 객혈을 하는 시월이었다. 밴프의 존스턴 캐년으로 들어서자 나무들이 너울너울 춤추며 나를 멱 감기기 시작했다. 유네스코 문화유산 지역으로 지정된 곳. 무구한 자연이 펼쳐져 있다. 푸른 병풍을 두른 듯한 굴곡진 선이 선명하다. 누드의 여인들이 줄지어 누워 있는 듯한 유연한 선. 결코 깎아서 만든 선이 아니라 자연스레 높낮이 없는 음률을 지휘하는 지휘자의 손놀림이다. 누가 감히 거기에 인공을 가할까. 무엇과 비교할까. 삽상하게 파고

▲밴프 스프링스 호텔

드는 자연의 소리가 귀를 씻어 낸다. 오욕의 날들도 씻어낸다. 앨버트 주의 아름다운 새 한 마리가 되어 로키를 선회할 것이다. 걸음을 옮기자 크고 작은 폭포들이 귀를 간지럽힌다. 우람한 폭포가 귀를 막으면 곤 씻어 내리는 작은 폭포의 속삭임을 만난다. 밴프 스프링스 호텔을 눈앞에 둔다. 120년 세월의 이야기가 잠들어 있는 곳을 바라보는 서프라이즈 코너엔 핸드폰을 앞세운 이들이 손을 저으며 자리를 다툰다. 저 멀리 보이는 720여 개의 객실이 어느 정도 담길 것인가. 바람이 모자를 건드리다 달아난다. 다시 걸음을 옮긴다. 로키가 보여주는 경관은 무궁무진이다. 마릴린 먼로가 '돌아오지 않는 강'을 촬영한 보우강과 폭포는 그녀의 청바지처럼 푸른빛으로 '돌아오지 않는 강'을 노래하며 흐르고 있었다. 로키의 위용을 보고자 설파산 전망대까지 해발 2,281m를 곤돌라로 오르니 밴프 타운이 침엽수림 사이로 보이고 산양의 여유로운 모습이 여행객의 발을 더디게 했다.

▼보우폭포

▼ 요호계곡

또 다른 방향에서 로키를 보기 위해 로키의 4대 국립공원 중 하나인 요호국립공원으로 옮겼다. 밴프국립공원의 서쪽에 인접해 있으며 '요호'라는 말은 인디언어로 '훌륭하다, 굉장하다'의 뜻이라 한다. 규모는 그리 크지 않으나 또 하나의 로키의 모습이다. 굉음이 조용한 요호계곡 전체를 흔든다는 타카카우 폭포가 멀리서 떨어지는 듯하다.

이번 로키 여행 계획의 끝은 세계10대 절경 중 하나이며 로키산의 진주라 불리는 레이크 루이스(Lake Louise) 관광이었다. 호수에 다다르면 죽기 전에 꼭 한 번 묵고 싶다는 호텔 중의 하나인 샤토 레이크 루이스 호텔이 흰 드레스를 입은 신부인 양 맞이한다.

▼ 레이크 루이스 호수

▲ 로키산맥

뒤쪽으로는 푸른 빅토리아산이 높이 치솟아 있고 정상 부근에 질펀히 누운 빙하와 레이크 루이스 호수와 어우러진 풍경이 바로 10대 절경의 하나로 꼽히게 된 것 같다. 하얀 산 그림자가 호수에 빠져 일렁이는가 하면 구름이 그 위로 지나가기도 하고 잠겨 꼴깍거리기도 한다. 미끄러져 내려오는 산 그림자. 산과 호수가 어느 것이 물에 빠진 그림자인지 실제의 풍경인지 알 수가 없다. 산은 산이고 호수는 호수인가. 에메랄드다. 손에 끼고 싶은 에메랄드 그대로다. 진정 로키의 진수이자 진주다.

로키! 캐나다의 로키! 대중교통과 자동차 여행으로 두 번이나 다녀온 알프스의 몽블랑이나 아래에서 바라본 마터호른이 날카로운 위용을 자랑한다면 로키는 한마디로 굽이굽이라고 하는 게 옳을 것 같다. 알래스카 남쪽에서 캐나다와 미국을 거쳐 멕시코까지 이어져 있으니 그 구불구불하게 벋어있는 웅장함은 비할 데가 없다. 더구나 캐나다의 로키는 옥색의 호수, 눈부신 하늘, 겹겹이 도열한 침엽수림으로 찾는 이들에게 여기야말로 '비경이다'라는 탄성을 자아내게 한다.

캐나다 로키는 5억 년 전 지각변동으로 바다 밑이 솟구쳐 올라 석회석이 형성됨으로써 이루어졌다 하니 그 속에 감춘 얘기들은 또 얼마나 많을 것인가. 자연의 너른 품, 무엇으로도 대신할 수 없는 그 웅장한 침묵, 그 속에 지닌 수많은 얘기들을 읽어내는 날, 나 또한 자연의 일부분이 되어 로키 속에 나를 내려놓을 수 있을 것 같았다.

황홀한 낙조

다시 나서야 한다고 중얼거리며 며칠을 앓듯 이미 마음은 푸른 동산을 헤집고 다니고 있었다.

일본의 북해도, 라벤다가 흐드러진 동산으로 가리라. 그러나 여의치 않았다. 나라와 나라 사이의 악연 같은 것. 없으면 좋으련만 그리 된 것을. 사람과 사람 사이도 그리 되지 않으면 좋을 것을 막지 못하는 것을.

바꾸었다. 낙조가 떠오르자 피지를 꿈꾸었다.

사철 발 벗은 아내처럼 편하게 차림하고 해먹에서 해오름이거나 낙조를 보며 책을 읽고 싶었다.

그리스 산토리니의 눈부신 낙조. 하얀 집을 물들였던 싱그런 오렌지의 맛 같은. 그리스에 반해 팔랑팔랑한 옷을 사 입고 쏘다녔던 날들이 스멀스멀 기어 나왔기 때문이었다.

그러나 건강이 피지까지 열 시간의 비행을 다섯 시간으로 좁혀 말레이시아 코타키나발루로 가게 했다.

말레이시아는 세 번째, 말라카와 조호루바루 그리고 이번엔 북 보르네오 사바 주의 주도인 코타키나발루. '황홀한 석양의 섬' 세계 3대 석양의 하나라고 했다.

도착하자마자 카메라만 만지작거렸다. 눈은 책을 훑지만 건성이었고 딱히 할 일이 없는지라 낙조를 보러 일찍 나섰다.

카메라를 들이대기엔 이미 늦은 시간이었다. 설레는 가슴이 어찌 내게만 있겠는가. 그 가슴들이 모여 열기 많은 곳을 더 달구고 있었다.

태양은 못 이겨 내려오는 체하더니 바다 근처에 와서는 누가 부르는 듯 쏜살같이 물속으로 잠입했다.

그 핏빛 가슴을 모두 내려놓고 하얀 가슴으로 가는지 어쩌면 그리도 푸른 물을 붉게 물들이던지…. 그러나 사라짐이 아니라 내일을 향한 오늘의 마감이라 귀띔하며 붉은 물보라가 통통배를 따라 금을 긋고 있었다.

낙조는 결코 끝이 아니라고 믿기에 난 중얼거리고 있었다.

'After all tomorrow is another day!'

내일은 또 다른 아니 더 큰 태양이 떠오르겠지.